Caroline Rusch

Der Taschen-Freud

Caroline Rusch

Der Taschen-Freud

Von Penisneid bis Über-Ich

Kreuz

Trotz intensiver Bemühungen war es dem Verlag leider nicht in allen Fällen möglich, den jeweiligen Rechtsinhaber ausfindig zu machen: Für Hinweise sind wir dankbar. Rechtsansprüche bleiben gewahrt.

Bibliografische Information der Deutschen Bibliothek
Die Deutsche Bibliothek verzeichnet diese Publikation in der Deutschen Nationalbibliografie; detaillierte bibliografische Daten sind im Internet über http://dnb.ddb.de abrufbar

Kreuz Verlag, Stuttgart
in der Verlagsgruppe Dornier GmbH
Postfach 80 06 69, 70506 Stuttgart

www.kreuzverlag.de
www.verlagsgruppe-dornier.de

Umschlaggestaltung: P.S. Petry & Schwamb, Agentur für Marketing und Verlagsdienstleistungen
Satz: de·te·pe, Aalen
Druck: Clausen & Bosse, Leck

ISBN 3-7831-2708-4
ISBN 978-3-7831-2708-9

Inhalt

Vorwort

> »Ich habe heute Nacht von Sigmund Freud geträumt. Was hat das zu bedeuten?«
> *Stanislaw Jerzy Lec*

Eine berechtigte Frage. Ab auf die Couch? Aber, aber, wir müssen doch sehr bitten! Was sagt das strenge Über-Ich dazu? Liebe Leserinnen und Leser, Sie sehen: Nicht nur an seinem Geburtstag ist Sigmund Freud, der Begründer der Psychoanalyse, bei Bewunderern wie Kritikern gleichermaßen quicklebendig. Kaum ein Forscher polarisierte so sehr wie der revolutionäre, kluge, humorvolle und autoritäre Seelenarzt aus Wien – bis hin zum brandaktuellen französischen Bestseller »Schwarzbuch Psychoanalyse«, das die hoch angesehenen gallischen Freudianer in die Bredouille bringen will.

Lachte man zu Anfang noch herzlich über ihn, so verging der Gesellschaft, konfrontiert mit Trieb und Tabu, alsbald das Lachen. Aus Freuds ehemaligen engen Weggefährten wie Breuer oder Fließ, Jung oder Adler wurden erbitterte Feinde. Seine Heimatstadt Wien versagte ihm die Anerkennung die er international längst genoss – natürlich nicht in Hitlerdeutschland: Die Psychoanalyse, so sie diese denn verstanden, war den Nazis viel zu gefährlich.

Der Neurotiker *par excellence* Woody Allen wäre ohne ihn kaum denkbar, ebenso wenig der egozentrische Sauerkrautpoet Elling, der seine Mama liebt. Die Literaturnobelpreisträgerin Elfriede Jelinek hält Freud zu Recht für einen begnadeten Stilisten. Ihr Kollege Joseph Brodsky sprach stets zärtlich vom »alten Sigi«. Und der nachmalige Papst Paul VI., seinerzeit in den 1960ern als »Pillen-Paul« gerühmt, sah in Freud beinah den Leibhaftigen, welcher der sexuellen Libertinage Tür und Tor geöffnet hätte. Da sei »Ödipussi« alias Loriot vor…

Bei allen Kontroversen über die Psychoanalyse hat diese unbestreitbar das 20. Jahrhundert entscheidend beeinflusst und nicht nur in psychologischer, sondern auch in kultureller Hinsicht wesentlich *gestaltet*. Im Alltag ermöglicht sie uns – Geschenk oder Pandorabüchse? – über so grauslich komplizierte Themen wie die Seele oder gar über Sex sprechen zu können. Jedenfalls wäre vieles, was uns heute selbstverständlich erscheint, ohne Sigmund Freud nicht denkbar gewesen, der in seinen Vorlesungen sagte: »(…) die Psychoanalyse verdient wegen ihrer tiefgreifenden Voraussetzungen und weitumfassenden Beziehungen einen Platz im Interesse eines jeden Gebildeten.«

Freuds Terminologie ist, wie z. B. der berüchtigte Freud'sche Versprecher, längst fest in der Umgangssprache verankert – indes selten korrekt. Bei »Exhibitionismus« denkt man gerne an den Big-

Brother-Käfig, bei »Hysterie« an die schusslige Bridget Jones. Hört man »Penisneid«, so taucht eine grimme Alice Schwarzer mit einer Schere vor dem geistigen Auge auf. Die leidige Tatsache, dass man auch dieses Jahr wieder gewisse Geburtstage »vergessen« hat, quittieren wir mit einem verlegenen: »Verdrängung!«

In diesem handlichen, zuverlässigen Taschenwerk finden Sie geläufige und wichtige Begriffe aus dem großen Gedanken- und Praxisgebäude der Psychoanalyse auf der Basis von Freuds Schriften, insbesondere der höchst lesenswerten Vorlesungen. Er selbst hasste Vereinfachungen, wie man sich denken kann. Dennoch hoffen wir, vor den gestrengen Augen des Meisters Gnade zu finden. Zweifelsohne aber können Sie mit Ihren Freud-Kenntnissen künftig auf langweiligen Partys punkten oder damit Ihrem ersehnten Libido-Objekt beim Candle-Light-Dinner imponieren.

Heißt es nun »Unterbewusstsein« oder »Unbewusstes«? Kein Problem: Zücken Sie Ihren Taschen-Freud! Auf diese Weise rückt das Genie Sigmund Freud allen tiefenpsychologisch interessierten Menschen wieder so nah, wie es seinem Rang zukommt. Mit anderen Worten: Ab auf die Couch – aber keinesfalls ohne dieses Buch! Viel Vergnügen.

Angst

Immer wenn's einmal mehr wie dreißig-
tausend sind, fühl ich mich so beengt.
Karl Valentin über seine
»Fußballplatzangst«

Binnen Minuten wechselte das Blau des Himmels zu düsterem Schwefelgelb, dann war das Unwetter über den Ausflüglern. Jene erste Sturmbö, die in Genua Lastkräne umwehte, bog die Steineichen fast bis zur Erde. Mit atemberaubender Geschwindigkeit schwoll ein Bach unter der Gewalt der Regenmassen an, um als *torrente* hangabwärts zu tosen.

Angstsymptome

Woran erinnern sich Körper und Gemüt deutlich? An Herzrasen, Atemnot, den erhöhten Adrenalinspiegel, an Fluchtreflexe nebst lähmender Panik … In summa: an pure Angst. Das Wort stammt vom lateinischen *angustiae,* das Enge oder Engpaß bedeutet – und damit die körperliche Empfindung der Beklemmung buchstäblich bewahrt.

Angst und Nervosität

Diesen Affektzustand näher zu beschreiben, ist wohl unnötig – er ist jedem wohl bestens bekannt. Manche Menschen aber leiden unter besonders starker, schier unerklärlicher Angst. Die seelische Konstitution solcher Menschen bezeichnete Freud als *nervös,* wobei er darauf hinwies, dass Ängstlichkeit und Nervosität gerne fälschlicherweise synonym gebraucht werden. Keineswegs jeder Angsthase ist nervös, ebenso wenig ist ein »Nervenbündel« zwangsläufig ängstlich.

Realangst

Die Angst, deren Sinn und Zweck nachvollziehbar verständlich ist, nennt Freud Realangst – im Gegensatz zu Phobien, an denen vor allem ihre ungeheure Intensität angesichts einer lapidaren Ursache befremdet. Eine äußere Gefahr (Unwetter) wird wahrgenommen. Daraufhin reagiert der Mensch mit einem Schutz- bzw. Fluchtreflex, um keinen Schaden zu erleiden. Nun könne man argumentieren, die Natur habe die Realangst als zweckmäßiges Überlebensinstrument geschaffen. Doch lässt sich im Zustand der Angst wirklich rational überlegen? Lähmt sie nicht vielmehr allzu häufig und macht damit die notwendige Flucht unmöglich?

Frühe Erinnerung?

Woraus besteht eigentlich die Angstsituation? Zum einen aus der inneren Bereitschaft auf die mögliche Gefahr: Im Regenwald spähen wir auf Gefahren gefasst umher, unser Puls ist erhöht. Warum aber empfinden wir die Angst *so?* Birgt sie vielleicht eine existenzielle seelische und körperliche Erinnerung? Nach Freud könnte der Kern bestimmter Ängste ein Reflex auf die früheste Angsterfahrung der akuten Lebensgefahr bei der Geburt sein – die wir alle hinter uns und scheinbar vergessen haben. Das Geburtserlebnis beinhaltet nicht nur eine denkbar hohe körperliche Reizintensität (von der Wärme der Gebärmutter in die Kälte, der erste schmerzhafte, selbständige Atemzug), sondern auch eine tief greifende seelische Dimension in der Trennung von der Mutter.

Frei flottieren

Die neurotische Angst zeigt sich insbesondere in einer allgemeinen Neigung zur Ängstlichkeit. Diese so genannte *frei flottierende* Angst kann an alle möglichen und vor allem unmöglichen Situationen »andocken«. Das Lebensbild solcher Menschen neigt zu negativer Interpretation, jeder Zufall wird zum drohenden Wink des Schicksals, von allen

Möglichkeiten stets die schlimmste in Betracht gezogen. Es sind Verfechter von *Murphy's Law*: Was schief gehen kann, geht auch schief. Deren Angst wird denn auch Erwartungsangst genannt. Solche Menschen leben – und leiden! – im kräftezehrenden Zustand permanenter Ängstlichkeit.

1001 Phobien

Neurotische Ängste hingegen, die an bestimmte Objekte oder Situationen gebunden sind, nennt man *Phobien*. Es gibt deren so viele, dass man mit Fug und Recht behaupten kann, dass es nichts auf der Welt gibt, wovor ein Phobiker nicht Angst empfinden kann. Das skurrile Genie Karl Valentin, dem keine Unbill fremd war, hat denn auch die »Fußballplatzangst« erfunden. Ob Spinnen oder Aufzüge, ob Wursttheken oder spiegelblanke Korridore – alles kann einem Angst einjagen.

Worin könnte der Sinn solcher Angstsymptome liegen? Graduell lassen sich Phobien durchaus auch von gesunden Menschen nachempfinden – z.B. eine milde Form der Flugangst: Natürlich *kann* etwas passieren, auch wenn man eher am Schluckauf stirbt als im Billigflieger. Warum eine Freundin aber angesichts einer Fledermaus regelrechte Schreikrämpfe bekommt, ist nicht mehr nachvollziehbar. Die Intensität dieser Angst ist das

Spezifische der Phobie, weniger deren Grund und Auslöser.

Symptome binden Angst

Wo Angst ist, müsse es auch etwas geben, wovor man sich ängstige, meint Freud. Die Symptome des Phobikers sollen die Angst dahinter binden und damit verhindern. Stellen Sie sich Herrn Winter vor, der immer wieder aufs Neue kontrolliert, ob er den Herd wirklich ausgeschaltet hat. Hindert man ihn daran, also an der rituellen Ausführung seines Symptoms, so kommt eine entsetzliche Angst dahinter zum Vorschein – etwa die, ein geliebter Mensch müsse nun unweigerlich sterben. Diese in keinem Verhältnis zur Realität stehende Angst wird durch die Symptome gebunden und »abgeführt«.

Sexualität und Ängstlichkeit

Woher kommt die seelische Disposition? Freud begriff den Grund für allgemeine Ängstlichkeit in enger Abhängigkeit zum Sexualleben. Sexuelle Störungen oder Einschränkungen, aus welchen Gründen auch immer, gingen auffallend oft mit Ängstlichkeit und Zaudern einher, während eine befriedigend gelebte Sexualität zu Vitalität und

Unerschrockenheit befähige. Vor allem in bestimmten Lebensphasen wie Pubertät oder Menopause, die erhöhte Libido mit sich brächten, könne ein Zusammenhang mit einer Zunahme von Angstkrankheiten beobachtet werden. Und wie verhält es sich mit der kindlichen Angst vor dem Einschlafen, die uns der Dichter Marcel Proust so eindrucksvoll schilderte? Nach Freud sind die frühesten Kinderängste keine Realängste, sondern neurotische Ängste: Unverwendbar gewordene Libido (das sehnsüchtige Warten im dunklen Zimmer, die Enttäuschung, wenn die Mutter wieder nicht kommt) wird umgebildet in die Angst vor der Dunkelheit – die da bedeutet: *mutterseelenallein*.

Das Bewusste

Ich ist ein Anderer.
Arthur Rimbaud

»Ganz bewusst habe ich diese Entscheidung gefällt«, betonte Frau Berg. »Natürlich ist mir bewusst, dass ich damit ein Risiko eingehe, aber das nehme ich in Kauf«, informiert Herr Schmidt seine Geschäftspartner. Oder: »Mir war echt nicht bewusst, dass ich dir damit so wehtue!« Mit diesen Worten versucht ein sichtlich zerknirschter Herr Lange seiner Frau klar zu machen, dass da neulich in Düsseldorf eine Aufmerksamkeitsinstanz nicht vorhanden war – und er damit fast schon aller Verantwortung enthoben. Alltägliche Sätze, die suggerieren, dass da ein Ich spricht, das anscheinend genau weiß, was es tut und warum – oder eben das krasse Gegenteil.

Denn sie wissen, was sie tun

Weshalb aber weiß es das? Wir nehmen doch an, dass Bewusstsein etwas ist, was das Ich eines Menschen konstituiert. Eine Größe, die sich im Kontakt und in der Auseinandersetzung mit der Außenwelt und seinen jeweiligen Bedürfnissen erst entwickelt.

Diese Ichs namens Maier und Schmidt waren demnach imstande, über ihre Entscheidungen nachzudenken. Deren Ich hat – um Freuds Definition des Unbewussten hier umzukehren – zu einer bestimmten Zeit einen Vorgang aktiviert, von dem es wusste, dass es ihn zu dieser Zeit auch gibt, z. B. Vor- und Nachteile einer Entscheidung abzuwägen.

Inhalte kommen und gehen

Bewusstsein jedoch ist nicht andauernd vorhanden – wenn man vom Schuldbewusstsein des Herrn Lange einmal absehen will. Die Vorgänge treten nur kurz in unser Bewusstsein – kommen zu Bewusstsein, sie tauchen auf – aus dem Meer des Unbewussten vielleicht? Danach machen diese Vorgänge wieder anderen Platz. Das soeben noch Bewusste wird *latent,* das heißt, jederzeit grundsätzlich aktivierbar, aber augenblicklich verborgen – also dezidiert *nicht* unbewusst! Freud bezeichnet diesen Ort der seelischen Topographie auch als das *Vorbewusste,* eine Art düsteres Foyer, in dem sich allerhand mehr oder minder illustre Gäste aus dem Unbewussten tummeln. Längst nicht alle jedoch gelangen in den glanzvollen Saal des Bewusstseins, weil ihnen die passende Visitenkarte oder die Aufmerksamkeit des Bewusstseins fehlt …

Das Es

Wo Es war, soll Ich werden.
Sigmund Freud

Terra incognita: Das Es der dunkelste und unzugänglichste Bereich unseres Wesens. Im Traum oder im Verdrängten, das sich in den Symptomen einer seelischen Störung äußert, lässt sich den elementaren Kräften dieser Seelenregion oft nur mühselig nachspüren.

Antipoden

In der komplexen Landschaft der Psyche liegt das Es dem Ich sozusagen diametral entgegengesetzt. Gerade deshalb aber übt es so großen Einfluss auf seinen Antipoden aus. Das Ich übernimmt ja die schwierige Aufgabe, zwischen der Außen- und der Innenwelt (darin Über-Ich und Es) zu vermitteln. Stets versucht es, Einklang herzustellen zwischen denkbar gegensätzlichen Anforderungen – auf quasi diplomatischem Wege, um seine prekäre Stellung überhaupt behaupten zu können. Bedrängnis, Angst oder Schuldgefühle werden durch solche inneren Zerreißproben bedingt.

Chaos und Vitalität

Nur dunkel? Weit gefehlt. Vom Es gehen elementare und äußerst bewegliche Impulse aus. Man könnte sagen, es sei der Ort der Vitalität, der ungezähmten Lebensenergie und der Triebe schlechthin. Freud bezeichnet es zudem als primitiv und irrational. Alle Leidenschaften wollen ausgelebt, alle Bedürfnisse rasch befriedigt sein – ohne sich durch Moralität oder andere Hindernisse einengen zu lassen. Es kennt weder Gut noch Böse und ist mit dem ungeordneten Chaos vergleichbar. Zwar besitzt das Es ungeheure Energien, doch kennt es weder Lenkung noch eine andere Intention, als seinem Lustprinzip zu frönen. Die Realität geht das Es daher nichts an – um solche Imponderabilien soll sich gefälligst das Ich kümmern, um so über Umwege wenigstens eine gewisse Befriedigung zu ermöglichen.

Weder Logik noch Zeitbegriff

Zwei Eigenschaften sind in diesem brodelnden Kräftefeld besonders auffällig. Es existieren dort weder Logik noch Umsicht, und keine Ökonomie der Kräfte, wie sie die Außenwelt von uns einfordert oder erzwingt. Es besitzt allerdings seine eigene, in sich durchaus stimmige Logik – wiederum auf nichts anderes als auf die Erfüllung der jeweiligen Triebe ausgerichtet. Deshalb auch eine Koexistenz der widersprüchlichsten Regungen, ohne sich gegenseitig aufzuheben. In deren unbedingtem Vorwärtsstreben sind allerdings Kompromisse möglich – und nicht zuletzt nötig.

Was ferner besonders fasziniert, ist die Auffassung Freuds, für das Es – anders als für das Ich, das einen erfahrbaren Zeitbegriff »gelernt« hat – existiere offenbar keine linear vergehende Zeit. Eine Art Ewigkeit, Unsterblichkeit also, deren Macht ungebrochen fortwirkt – was indes oft bedingen kann, dass der Mensch seelisch erkrankt. Die durch Verdrängung ins Es eingelagerten Erfahrungen oder Regungen sind nie in die Regionen des Ich vorgedrungen. Dort, an diesem Vorposten der Machbarkeit in der Außenwelt hätten sie entsprechend modifiziert werden können. Nun aber üben sie so unmittelbar wie unverändert ihren Einfluss aus und schwächen so das Ich. Ob ein Eindruck nun Jahrzehnte alt ist oder sich erst gestern unauslöschlich einprägte – seine Energie ist und bleibt auch künftig dieselbe. All dies erklärt vielleicht die heftige Unmittelbarkeit der Reaktionen mancher Menschen wie auch deren kindlich anmutendes Beharren auf bestimmten Erfahrungen. Immer wieder, als wäre er neu, dreht es sich um stets denselben Komplex. Überdies geschieht dies mit einer Vehemenz, dass sich das perplexe Gegenüber, in aller Regel ein Laie, darüber nur wundern kann.

Verarbeitung

Aus diesem Grund kann auch keine »Ich-Zeit«, wie es sonst zu geschehen pflegt, Eindrücke, vor allen Dingen schmerzliche, verwischen und dadurch Verarbeitung auch bewusst zulassen. Für das Es aber scheint die Zeit stehen geblieben zu sein. Traumatische Momente existieren ebenso heftig wie einst, mit ihrer ganzen Energie und unverändert über die äußerlich vergehenden Jahre weiter. Erst, wenn so tiefe Eindrücke oder Wünsche, etwa in einer Analyse, bewusst und im selben Moment klar als Vergangenheit erkannt werden, können sie ihre ungeheure, für die seelische Gesundheit meist problematische Energie verlieren.

Ersatzbefriedigung

> Haben Sie noch Sex oder spielen Sie schon Golf?
> *Harald Schmidt*

Sicher kann man es als Kompliment für Sigmund Freud werten, wie präsent seine Terminologie in unserem Alltag ist – aber leider dadurch nicht nur ihrer Präzision, sondern auch ihrer seelischen Bedeutung und Brisanz verlustig ging. Noch ein Beispiel für eine kleine populäre Ersatzbefriedigung? Aber bitte, gern geschehen: Ein Raucher, der sich sein Laster endlich abgewöhnt hat, greift statt dessen zur Schokolade – denn irgendetwas muss er haben, siehe oben.

Surrogate – nicht das Wahre

Das Ende vom Lied ist meist, dass der Zeiger auf der Waage bedenklich ausschlägt, so dass man doch wieder reumütig zur Zigarette zurückkehrt. Oder man wandelt sich vom Saulus zum Paulus und wird über Nacht militanter Nichtraucher und betrachtet seinen Feldzug weniger als einen Akt der Luft- denn der Weltverbesserung und zieht daraus Befriedigung. Gleichviel: Nachdem man seine

Gier nach Nikotin nicht befriedigen kann oder darf, versucht man sich mit etwas anderem Lust zu verschaffen. Man sucht sich einen Ersatz, ein Surrogat. Dass dieser Ersatz kein vollwertiger ist, macht ihn ja gerade aus.

Symptome

Bei Freud jedoch sind die *Symptome* einer neurotischen Erkrankung als eine Art Ersatzbefriedigung für libidinöse Wünsche zu verstehen. Allerdings nicht beliebig: So merkwürdig auch immer ein Waschzwang oder ein hysterischer Angstanfall dem Betrachter scheinen mögen: Deren Natur gibt in der Analyse Auskunft über die ursprünglichen Strebungen der Libido, die vom Ich unterdrückt, genau dieses und kein anderes Symptom entwickelt hat. Die ursprünglich gewünschte Befriedigung mag nur mehr verzerrt und entstellt möglich sein, aber sie ist noch da – ohne dass sie deshalb von dem neurotisch Erkrankten auch als solche wahrgenommen werden könnte: Er empfindet seine Symptome eher als seelisches Leid und, je nach deren Vehemenz, als starke Einschränkung seiner Persönlichkeit, was die Fähigkeit zu Leistung und Genuss betrifft. Eine Ersatzbefriedigung ist eben nicht das Wahre. Das gilt erst recht für die neurotischen Erkrankungen.

Der Freud'sche Versprecher

Die Schwarz-Geld-Koalition … oder
Sehr geehrte Samen und Herren…

Mit letzterer Anrede begann ein bis heute legendäres Memo. Verwöhnt von exquisiten verbalen Ausrutschern unseres Chefs dokumentierten wir Werkstudenten diese mit höchstem Entzücken und verbreiteten sie emsig in alle Welt. Der Mann war, wenn man so will, eine wandelnde Fehlleistung. Zwei seiner besten (an einem Tage geschehen) wollen wir den Lesern nicht vorenthalten: Er sprach mit der Dame vom Reisebüro von *Popotà* in Kolumbien und den Reizen der *Popocabana* in Rio – und er ließ sich auch durch das wilde verzweifelte Grimassieren seines Assistenten nicht beirren. Kaum zu glauben – aber so etwas geschah keineswegs absichtlich. Oder? Noch heute, so raunt die Betriebs-Fama, gieße Herr B. sein Füllhorn derartiger Versprecher aus.

Alltägliche Interferenzen

Was versteht man im Allgemeinen unter der so genannten Freud'schen Fehlleistung? Oft sind damit verbale Ausrutscher gemeint, die wie in obigem Fall sexuelle Konnotationen aufweisen. Es sind häufige Alltagsphänomene, jedem Menschen vertraut und keineswegs Anzeichen einer seelischen Störung. Wie beruhigend! Wir alle kennen das Versprechen, das Verschreiben, das Verlesen, das Vergessen oder Verlieren. Obwohl dies zufällig zu geschehen scheint, vermutete Freud hinter den meisten solcher Lapsus Motive sowie Intentionen.

Die Vorsilbe *ver* – verrät bereits Wesentliches über das Wesen der Fehlleistung. Eine Art inneres Widerstreben steht der Absicht des Sprechers, z. B. der unbeliebten Gastgeberin zu schmeicheln, entgegen. Verschiedene Impulse, Intention und die verbale Äußerung selbst, stören sich und erzeugen dabei *Interferenzen*, Wechselwirkungen also.

Der Wahnsinn hat Methode

Alles bloß ein dummer Zufall? Daran wollte Sigmund Freud nicht glauben, der diesen Phänomenen sogar in seinem Werk »Psychopathologie des Alltagslebens« große Beachtung schenkte. Diese komplizierten, sonderbaren Mechanismen wie Versprechen oder die Vergesslichkeit standen vielmehr am Anfang seiner Forschung. Natürlich, so argumentiert Freud, könne man solche Phänomene als unwichtig abtun, ihnen bloße Zufälligkeit attestieren. Vielleicht war der Sprecher ja nur ein bisschen unkonzentriert, vielleicht litt er unter Kopfweh oder war aus anderen Gründen eben »nicht ganz da«.

Welch Wort, o Kind

... entfloh dem Gehege deiner Zähne, ist in der homerischen *Ilias* zu lesen. Das möchte man so manchem sagen ... Freud als akribischer Beobachter und Menschenkenner wollte sich damit jedoch nicht zufrieden geben – und dies mit gutem Grund. Wie und warum nämlich kommt aus der Fülle potenzieller Wortähnlichkeiten, Varianten oder möglichen Wortverdrehungen ausgerechnet *diese* eine, oft genug verräterische zustande? Weshalb, so ein Beispiel Freuds, sagt ein Mann, gewisse Tatsachen seien endlich zum »Vorschwein« gekommen? Weshalb sagte ein Deutschlehrer träumerisch: »Es ist doch immer wieder herrlich, wenn man in der Arona von der Verena steht!«? Sicher nicht, um seinen Schüler damit Lachtränen in die Augen zu treiben.

Absicht und Einsicht

Wie entsteht demnach der Versprecher, der verbale Ausrutscher? Eine ursprüngliche Absicht, der eigentliche Gedanke wird unterdrückt – sei dies nun aus Höflichkeit, Opportunismus oder Angst. Nur so vermag die ursprüngliche Redeabsicht die tatsächliche Rede so stören, dass als eine Art Synthese ein zumeist peinlicher Versprecher wie z.B. »lesbian forces« anstatt »lybische Streitkräfte« dabei herauskommt.

Was steckt dahinter?

Worin bestehen Effekt, Sinn und vor allem Motiv solcher Fehlleistungen? Ersteres ist kein Geheimnis: meist in einer gewissen, mit Amüsement gemischten Irritation, die zum Nachdenken geradezu herausfordert. Welche tiefer liegenden, oft nicht bewussten Intentionen aber könnten die ursprüngliche Sprechabsicht derart stören? Sind es, wie Freud glaubte, unbewusste Wünsche, die so ans Licht kämen? Besonders leicht zu deuten sind wohl jene Situationen, in denen jemand das genaue Gegenteil von dem sagt, was er eigentlich beabsichtigte. Etwa auf einer Party seine Exfrau mit einem herzlichen, lauten: »Tschüß!« zu begrüßen.

Liebling, wo sind die Scheidungspapiere?

Komplexere Fehlleistungen wie das Vergessen oder Verlegen aber erfordern tiefere Kenntnisse, um nur die psychische Verfassung, die Persönlichkeit des Betreffenden sowie nicht zuletzt die Situation rund um die Fehlleistung selbst zu nennen. Ein Paar stand vor einer überaus schmerzlichen Scheidung, die dennoch beide Partner befürworteten. Während die Frau die Scheidungsunterlagen verlegte und erst nach wochenlanger Suche in ihrem Lieblings-Gedichtband (!) wiederfand, hatte der Mann den Antrag »aus Versehen« ins Altpapier befördert und merkte dies gerade noch rechtzeitig. Trotz allen Kummers lachten sie Tränen, als sie sich das erzählten. Wünschten sie die Scheidung wirklich? Oder fürchteten sie sich vor einem offiziellen Eingeständnis des Scheiterns einer großen Liebe? Oder vor der Zukunft? Simple Antworten gibt es nicht.

Kein gutes Omen?

Freud vergleicht manche Fehlleistungen gar mit den antiken Omina, den bösen Vorzeichen, und rät, derartige Begebenheiten nicht außer Acht zu lassen. Eine Durchdringung dieser Phänomene, vor allem, wenn sie sich wiederholen, könne nämlich durchaus Schlüsse auf eine weitere Entwicklung zulassen.

Warum?

Um die Motive zu ergründen, wendet Freud die Methode der Psychoanalyse *par excellence* an: Das Fragen. Warum, lieber Herr B., sprachen Sie andauernd von der kolumbianischen Hauptstadt *Popotà?* Was wird er antworten? Wird er den Versprecher sofort zu kompensieren suchen – was fatalerweise oft den nächsten nach sich zieht? Wieder andere Menschen reagieren mit vehementer Abwehr, so dass die Intention nur anhand von Indizien erschlossen werden kann. In aller Regel aber gibt es Anzeichen genug, um den spannenden Fehlleistungen auch gegen gehörige innere Widerstände auf die Spur zu kommen. Auch den eigenen natürlich.

Das Ich

> Das Verdrängte aber ist für das Ich Ausland, inneres Ausland…
> *Sigmund Freud*

Gnothi seauton – »Erkenne dich selbst« forderte das Orakel von Delphi oder anders gesagt »Wer bin ich?« Welch tückisches Thema – wer wüsste schon für sich annähernd zu sagen, wer oder was das »Ich« denn sei? Was bedeuten existierende Begriffe wie Identität oder Alter Ego, was die Schattenseite des Ichs, verkörpert von Dr. Jekyll und Mr. Hyde?

Vollends bringt es ein amerikanisches Sprichwort auf den Punkt: *I, myself and me are great company.* Ist das Ich demnach keine verlässliche Identität oder empfundene Einheit, sondern mehr als eine Summe unbestimmt vieler Teile? Eins mit dem Ich oder ach, zwei Seelen in der Brust? Gibt es Bestrebungen unseres Ichs, denen wir ausgeliefert sind, ohne darum zu wissen? Manchmal scheint es so.

Seelische Landvermessung

Freud entwirft uns ein anschauliches räumliches Bild des Seelenlebens, dessen drei »Provinzen« er präzise und folgerichtig zu beschreiben sucht. Sich stets der potenziellen akademischen Kritik bewusst, ebenso der Tatsache, dass einfache Lösungen für die Komplexität der Seele nicht zu haben sind.

Freud nahm für seine Kartierung das Symptom der *Verdrängung* als Ausgangspunkt – dies sei das Ichfremdeste und quasi Entlegenste, das sich in der Seele finden ließe. Aufgrund der besonderen Symptome, die ein seelisch Kranker zeige, könne man den Weg zum Unbewussten aufzeigen, indem man den jeweiligen Konflikt und seinen Widerstand beobachte. Als Widerstand, der die Verdrängung initiiert, tritt uns eine Instanz entgegen, die zunächst »Ich« heißen soll.

Ich und Welt – ein ewiger Kompromiss

Schon alltäglichste Sätze wie »Ich bin hin- und hergerissen« oder ein verwundertes »Das bin nicht ich!« weisen auf einander widerstrebende Ich-Anteile hin, auf *Konflikte,* die unsere Persönlichkeit in der Konfrontation mit eigenem Wollen und den Anforderungen der Außenwelt durchzustehen hat. Das, was wir Ich oder Identität nennen, kann sich demnach temporär teilen. Diese Teilung ist aber keine willkürliche, sondern geschieht gemäß einer quasi kristallinen inneren, vorgegebenen Struktur, deren Zusammensetzung erst bei der Zerstörung offenbar wird. Freud nennt in einem beeindruckenden Bild die Geisteskranken »… solche rissigen gesprungenen Strukturen«.

Gezählt, gewogen …

Worin nun könnte diese Struktur des Ich bestehen? Jeder Mensch kennt das Phänomen, dass er sich und sein Handeln *beurteilt* – und dies in unterschiedlicher Intensität. Beurteilen kann bedeuten, dass man sich lächelnd alles gestattet, dass man allerhand Entschuldigungen findet, um sein Handeln vor sich zu rechtfertigen. Andere hingegen machen sich herunter, lassen kein gutes Haar an sich, Schuld und Strafe sind in ihnen stets gegenwärtig. Es existieren also bestimmte Instanzen innerhalb des Komplexes, den wir nur der Einfachheit halber »Ich« nennen. Diese übergeordnete, beurteilende und strikten Gehorsam fordernde Instanz nennt Freud das *Über-Ich*.

Wie geschieht mir?

Aber ist das Ich und gar Über-Ich sich wirklich jeder seiner Regungen bewusst? So möchte der Laie ja nur allzu gerne das Ich verstehen: nämlich als der bewusste Anteil seiner selbst, der zu eigenständigem Denken und Handeln fähig ist. »Bewusst« wird interpretiert als ein Willensakt, der bei klarem Verstand, nach reiflicher Abwägung stattfinden kann. So einfach ist es leider nicht. Das Ich hat sehr wohl unbewusste Anteile, was konkret bedeutet, dass Beweggründe oder Inhalte aktiv wirken, während man im selben Moment davon keine Ahnung hat. Deshalb bedarf es einer sehr anstrengenden Arbeit, um diese Anteile zu erkennen – der Analyse.

Anarchisch und kindisch

Wir haben also unbewusste Anteile – ebenso leichter dem Bewusstsein zugängliche, so genannte vorbewusste Anteile. Wo aber ist das Bewusstsein angesiedelt? Oder besser: Wo ist es nicht? Stellen Sie sich wieder die menschliche Seele als Landschaft mit bestimmten, allerdings keineswegs klar voneinander geschiedenen Regionen vor. Freud nennt das, wie er sagt »ichfremde Seelengebiet«, das gleichwohl nicht ausschließlich unbewusst ist, das *Es*. Neben Friedrich Nietzsche prägte diesen Begriff auch der unkonventionelle Arzt und Analytiker Georg Groddeck, mit dem Freud sich später überwarf. Lesen Sie dessen durchaus anregendes »Buch vom Es« und Sie werden eine anarchische und kindische Kraft kennen lernen, die in jeden

Seelenbereich hineinwirken kann. In Unterscheidung zum Ich ist das Es chaotisch, unzugänglich, vereinigt alle Triebregungen und wünscht, ganz und gar dem Lustprinzip verpflichtet, vor allem nur eins: Befriedigung! Mit dieser, nur in ihren Elementen möglichen Darstellung sei die Aufteilung unserer seelischen Persönlichkeit, die wir »Ich« nennen, in Über-Ich, Ich und Es angedeutet.

Kastrationsangst

> Nur das Ich kann Angst produzieren
> und verspüren.
> *Sigmund Freud*

Hier haben wir es mit einer sehr speziellen Form der Angst zu tun, einer männlich konnotierten zumal. In den Hochzeiten des Feminismus in den 1970ern war dieser Begriff häufig zu hören. Allerdings bezeichnete er dort in populärer Auslegung primär die Angst eines Mannes vor einer starken Frau. Darin schwang die Befürchtung mit, diese wolle den Herren der Schöpfung durch ihr aggressiveres, auch sexuell forderndes Verhalten quasi mit Gewalt an die Männlichkeit oder sie, um Alice Schwarzer zu zitieren, »entwaffnen«.

Mittlerweile wird die drohende Schere bereits bei minder schweren Vergehen gezückt. In der Toilette eines Kulturzentrums in Flensburg fand sich die unmissverständliche Drohung, auch Männer hätten sich zum Pinkeln hinzusetzen, *sonst…* Die darunter befindliche rote Schere illustrierte wirksam die grässlichen Folgen. Wer übrigens jenes Instrument führen sollte, war ebenfalls klar – *frau* tut sowas.

Strafe und Angst

In der Freud'schen Terminologie jedoch ist diese Angst weniger die, als grausam dominierter Softie in der Impotenz zu enden. Vielmehr wird so die Angst vor einer Reaktion einer übermächtigen und grausamen Vaterfigur bezeichnet, die den Sohn für seine ödipale Bindung zur Mutter und den inhärenten Inzestwunsch bestraft. Archaische Initiationsrituale eingeborener Stämme oder die Sitte der Beschneidung gäben, so Freud, eventuelle Hinweise auf derartige Praktiken der Vorzeit.

Apropos gefährliche Söhne: In diesem Kontext ist zu erinnern, dass in der griechischen Mythologie die Liebesgöttin Aphrodite dem Samen-Schaum entstieg, worin das abgeschnittene Glied des Uranos im Ozean schwamm. Diesen hatte sein Sohn Kronos, um die Weltherrschaft an sich zu reißen, mit einer Sichel entmannt und die Genitalien ins Meer geworfen.

Ur-Rivalitäten

Natürlich fürchtet niemand ernstlich eine echte Kastration, auch ein Kind nicht. Dennoch fühlt es vielleicht doch eine Gefährdung durch den Vater, der im jeweils eifersüchtigen »Werben« um die Mutter ja gleichzeitig eine Art Rivale ist. Schließlich genügt vollauf, dass diese Gefahr prinzipiell für möglich gehalten wird. Wie dem selig nuckelnden Konrad mit dem Abschneiden des Daumes gedroht wurde, so wurde – zumindest zu Freuds Zeiten – oft mit dem Abschneiden des Penis gedroht, wenn ein Junge beim Masturbieren ertappt wurde. Diese frühe Angst, im Kern also eine Realangst, kann zur neurotischen werden.

Am Anfang war die Angst

Die Kastrationsangst hält Sigmund Freud für eine der wesentlichen Entstehungsbedingungen für die Verdrängung – und damit letztlich für die Neurose. Während er zunächst der Auffassung war, die Verdrängung erzeuge die Angst, so revidierte er nach eingehender Beobachtung seine Behauptung, um zu postulieren, dass die Angst erst die Verdrängung bedinge.

Libido

> Schließlich hatte ich einen Orgasmus, aber mein Arzt sagte mir, es war der falsche.
> *Woody Allen, »Manhattan«*

Libido? Ja, richtig, da war doch mal was, denkt sich so mancher erotisch frustrierte Mensch mit grimmigem Humor. Unser gängiges Verständnis des Wortes »Libido« ist in aller Regel verbunden mit deren erklärter *Abwesenheit* – und allerhand Rezepten dagegen, die im Blätterwald oder Nachmittags-TV eingehend durchgehechelt werden. Oder anders ausgedrückt: Flaute im Bett! Keine Lust mehr auf Sex, der Kuschelherbst naht… Da ist selbst die *Amica* ratlos: Das Begehren ist entschwunden – wohin nur? Im Alltag abgenutzt, aufgebraucht? Oder besser – woher kam es? Was ist das Begehren genau? Wir sind keine Frauenzeitschrift, also schenken wir uns Spekulationen darüber, ob es Schuh oder Bizeps erweckt haben. Dereinst, versteht sich. Lassen Sie uns lieber zusammen dem Begriff »Libido« in seiner Freud'schen Verwendung nachgehen. Dies ist zwar nicht so spannend wie die Sache selbst, aber sicherlich aufregender als der hundertste Orgasmustipp für Unbegabte.

Eros

Libido – der Lateiner verstand darunter, was einer züchtigen Matrone fremd, der Geliebten jedoch vertraut sein sollte: Lust, Gelüst, Trieb, Reiz, Verlangen, Geilheit, Sinnlichkeit – aber auch erklärten Willen. Etwas Pejoratives haftet dem Wort bereits in der Antike an. Gehen wir also an dessen längst fällige Rehabilitation als tragende Säule eines Theoriegebäudes, worin die ungeheure Energie der Sexualität Libido genannt wird. Während C.G. Jung die Energie sämtlicher, eine Einheit bildenden Triebe als Libido bezeichnet, ist der Begriff bei Freud eindeutig nur auf die Energien und Strebungen der Sexualtriebe – des Eros also gemünzt. Aha, denkt sich der Laie, immerzu geht es bei Dr. Freud um Sex!

Dreh- und Angelpunkt Sexualität

Der wiederum widerlegt in seinen Schriften häufig und recht süffisant das Vorurteil, seine Theorie reduziere den Menschen auf das Sexuelle, anstatt seine hochgeistigen, mithin edleren Züge zu bedenken. Freud hält stets dagegen, er widme sich einer von der psychologischen Forschung einem bislang unberücksichtigten Aspekt. Zwischen Ich- und den Sexualtrieben, der Libido also, sei im Übrigen klar zu unterscheiden. Warum? Allein die Sexualität, so argumentiert er, gehe als einzige Funktion über das Individuum hinaus in Gattung und Arterhaltung selbst. Weder ihre Existenz noch ihren ungeheuren Einfluss auf den Menschen könne man leugnen – ebenso wenig die negativen Auswirkungen auf das Seelenleben, falls das Erleben der Sexualität gestört sei.

Ja, der Sachzwang ist schuld ...

Schon deshalb müssen diese Energien unterscheidbar sein, weil sie miteinander in Konflikt treten können. Nicht alles, was unsere Libido will, nämlich ihre Bedürfnisse durch ein ganz bestimmtes Liebesobjekt zu befriedigen, ist in der Realität möglich. Leider. Das schnöde Realitätsprinzip, regiert auch von der strengen Notwendigkeit, griechisch *Ananke,* sorgt immer wieder für heftige Konfrontation.

Trickreich

Im Kampf mit den Ich-Trieben unterliegen die Sexualtriebe meist. Ziehen sie sich nun geschlagen, fürderhin mucksmäuschenstill tief ins Exil des Es zurück? Von wegen. Da sie ausgesprochen flexibel und »findig« sind, suchen sie sich über Umwege doch noch Befriedigung zu verschaffen. Anderweitig wird nun Ersatz geschaffen – leider für den Betreffenden nicht mehr als Befriedigung kenntlich. Mit diesem Ersatz haben wir auch das Symptom einer seelischen Erkrankung, z.B. der Angstneurose. Freud stellte den immer wieder verblüffenden Zusammenhang von gestörter Sexualität mit (neurotischer) Angst fest. Unbefriedigte elementare Selbsterhaltungstriebe wie Hunger oder Durst schlügen nicht in diese spezifischen Angstzustände um. Hingegen bestünde ein enger Zusammenhang zwischen ihnen und der unbefriedigten Libido. Unbefriedigte Libido – etwa versagte Zuwendung durch die Mutter – wird im Kind große Angst erzeugen. Die Sehnsucht und bittere Enttäuschung, mit der es umsonst auf Zärtlichkeit oder wenigstens Versorgung gewartet hat, wird als Angst »abgeführt«.

Balance allerorten

Der Erwachsene versteht es in aller Regel besser, unbrauchbar gewordene Libido, wie Freud sagt, »in der Schwebe zu halten«. Was das konkret im Alltag bedeutet? Wenn Sie unter Tränen bei einem Fläschchen Montalcino del Torre ein Liebesgedicht über das zur blond gefärbten Konkurrenz entschwundene Objekt Ihrer enttäuschten Libido zu Papier bringen … In diesem Sinne: Halten Sie's – falls möglich auch poetisch qualitativ – in der Schwebe.

Lustprinzip

> … doch die Verhältnisse, die sind nicht so.
> *Bert Brecht*

Wie passt das bloß zusammen? »Alle Lust will Ewigkeit, will tiefe tiefe Ewigkeit«, wie Friedrich Nietzsche schrieb, und dieser resigniert-lakonische Vers eines Brecht-Gedichts? Unsere Wünsche pflegen an Grenzen zu stoßen, für die wir genügend Namen finden: Sachzwänge, Machbarkeit, mangelnde Umsetzungsmöglichkeiten. Meist sind es gewichtige Gründe, die wir *nolens volens* akzeptieren müssen. Und wenn nicht, kennt der an sich schon unbotmäßige Bayer das zwischen Verwunderung und Hochachtung changierende, hier schriftdeutsch wiedergegebene Sprichwort: »Du tust ja direkt, was du gern tust!« Hinzuzufügen bliebe nur ein enthusiastisches: »Du Sauhund!« Doch meist sind die Verhältnisse eben *nicht* so.

Wir Erwachsene sind ja längst, zumindest theoretisch, vernünftig geworden. Uns regieren (ebenfalls graue Theorie, aber das hier sind lediglich Modelle) kühle Besonnenheit und Überlegung, was jeweils machbar ist und was nicht. Und danach richten wir uns, gell? Wie haben wir das eigentlich gelernt?

Ich will! Ich will!

Kleinkinder sind ja bekanntlich maßlos in ihren Bedürfnissen: Weder kann es genug Wärme und Zärtlichkeit, noch genügend Spiel oder Abenteuer geben. Niemand will begreifen, dass die Befriedigung aller Wünsche keine selbstverständliche ist. Wir Eltern werden unsere Kinder das lehren müssen – was mitunter Herkulesarbeit bedeutet. Diese kindliche Gier und Unbedingtheit lassen sich mit einem wichtigen Seelenbereich vergleichen: richtig, mit dem irrationalen Es, das ausschließlich auf Befriedigung aus ist. Es will – gut populär-epikureisch übrigens – alle Lust und zwar sofort sowie jegliche Unlust vermeiden. Weniger philosophisch, vielmehr wissenschaftlicher formuliert: Es möchte die Reize, die es überfluten, abbauen können, z. B. die Energien seiner Libido abführen. Das unbedingte Lustprinzip also regiert diesen Teil der Seele, der beileibe nicht nur in der kindlichen Persönlichkeit vorherrscht, sondern auch beim Erwachsenen noch hinreichend Raum einnimmt.

Zerreißproben

Das Ich aber, im System des Wachbewusstseins angesiedelt, muss in solch heiklen Fragen zwischen der Außenwelt und deren Anforderungen und den maßlosen Triebwünschen seines Es vermitteln. Reizaufnahme sowie Reizabfuhr in der Balance zu halten, ist schwer. Deshalb größte Hochachtung vor unser aller Ich, das bei solchen potenziellen Zerreißproben schließlich gangbare Kompromisse finden muss.

Grenzen

Dazu beobachtet und kartiert das Ich die Außenwelt und verinnerlicht deren Bedingungen. Ungehemmtes Luststreben ist – zur eigenen Psychohygiene und zum Wohle unserer Mitmenschen – niemandem möglich. Dafür sorgt auch die bereits vorgestellte *Ananke,* die harsche Zuchtmeisterin der Realität: die Notwendigkeit. Diese nämlich bewirkt, dass unser Libidoobjekt sich nicht die Bohne für uns interessiert, weil es bereits glücklich verheiratet ist – oder unsere Allmachtsphantasien angesichts der Gehaltsabrechnung doch empfindlich heruntergestutzt werden.

Erfahrung und Einschätzung

Was macht nun den Unterschied zwischen akutem Bedürfnis und dessen Erfüllung, wenn sich das Ich an der Realität orientieren kann? Man denkt strategisch zwischen erfolgtem Reiz und künftigem Abbau, ob und wie dieser möglich ist. Zu diesem Zweck stehen uns auch Erfahrungen zur Verfügung, anhand derer das Ich eine eventuelle Befriedigung besser einschätzen kann. Es erfuhr durch Erziehung und Erfahrung bestimmte Koordinaten der Außenwelt an sich selbst. Nun kann es die dem Es ungehemmt entspringenden Leidenschaften dahingehend »zurechtbiegen«. Demnach könnte ein anderes, prinzipiell erreichbares Liebesobjekt gefunden oder die Bedeutung der eigenen Wichtigkeit der Realität angepasst werden. Nur so ist wenigstens eine gewisse Befriedigung möglich: Anstatt sich den Schädel einzurennen, geht man eben durch eine andere Tür ... Doch ist es dann noch das so innig Gewünschte, das Wahre? Oft nicht, aber wir müssen »damit leben« lernen. Lustprinzip versus Realitätsprinzip – diesen bitteren, immer wieder aufs Neue aufflackernden Kampf kennen wir unser Leben lang.

Narzissmus

> O wie küsst er so oft vergeblich die trügende Quelle / Tauchte die Arme so oft in das Wasser, den Hals zu umschlingen, / Den er erschaut, und kann sich doch selbst im Gewässer nicht fassen.
> *Ovid, »Metamorphosen«*

Ein schöner, spröder Jüngling, der sich in sein Spiegelbild verliebt und danach vergebens verzehrt, während die Nymphe Echo in unerwiderter Liebe zu ihm dahinsiecht – dies ist der mythologische Hintergrund dieses Begriffs. Damit verbinden sich Vorstellungen eitler Selbstliebe und der Unempfindlichkeit gegenüber den Gefühlen anderer. Nicht jeder dieser menschlichen Charaktere indes wird, wie sein mythologisches Vorbild, in eine hübsche Narzisse verwandelt und seufzt noch dem eigenen Abbild nach, das sich in den Fluten des Styx spiegelt.

Verliebt – selbstverliebt

In Freud'scher Terminologie hat dieser Begriff wieder viel mit der Energie der Libido zu tun. Zur Erinnerung: Mit diesem Wort bezeichnet Freud die

Triebkräfte des Sexuallebens oder des Eros. Genauer gesagt, sind es die Energien, die das Ich dem Objekt seiner Begierde – seinem Libidoobjekt – zukommen lassen will, um daran Befriedigung zu gewinnen. In anderen Worten: Die reizende Nymphe Echo verliebte sich in den jungen Narcissus und versuchte ihn mit allen Mitteln zu erobern und zu verführen, denn jedes, selbst das fiktionale Liebesgefühl möchte seine Erfüllung finden. Idealisierung und Altruismus stehen dazu keineswegs im Widerspruch. Die arme Echo wandte ihre Libido bedauerlicherweise auf Narcissus. Der Fluch eines verschmähten Liebhabers nämlich hieß diesen, sich quasi in sich selbst zu verlieben – ohne jede Hoffnung auf Erfüllung, da er sein Spiegelbild für real hielt. Er wählt nun als Objekt seiner Libido das eigene Ich – und damit wären wir bei einer Perversion: Ein erwachsenes Individuum schenkt seinem Körper all jene Zärtlichkeit, die man sonst für einen anderen, fremden Menschen aufbringt.

Ich oder Du?

Dieser Zustand der Selbstliebe nun ist nach Freud kein Resultat, sondern der Primärzustand des Kindes. Dort sind Ich-Triebe und Ich-Interessen noch vereint, eine »narzisstische Kränkung« daher ein schwerer seelischer Schock. Auch die ersten kindlichen Erfahrungen mit der Sexualität sind autoerotische – und damit gewissermaßen narzissistisch. Erst später weichen diese in aller Regel der Hinwendung zu einem Liebesobjekt außerhalb des Ich – zu einem Du. Natürlich gibt es immer wieder autoerotische Phasen: Woody Allen schenkte uns hierzu folgendes Bonmot: »Onanie ist Sex mit einer Person, die ich sehr liebe.«

Egoismus

Ist ein Narziss denn zwangsläufig dasselbe wie ein Egoist? Egoismus meint in erster Linie Nutzen, der nicht erotisch geprägt sein muss. Narzissmus wäre dessen libidinöse Ergänzung. Ein egoistischer Mensch kann dennoch seine sexuelle Energie anderen Menschen zuwenden – immer vorausgesetzt, sie tragen ohne Nachteil zu seiner Befriedigung bei. Natürlich kann auch ein narzisstisch geprägter Charakter – der sich in jeder Hinsicht selbst genug ist – egoistisch sein.

Ich schlafe, also bin ich: ich

Vom kindlichen Dasein abgesehen, gibt es immer wieder Verfassungen, in denen die Objekt-Libido wenigstens zeitweilig von der Ich-Libido »abgezogen« wird. Freud nennt darunter den Schlaf, eine organische Krankheit sowie die Verliebtheit.

Warum ist diese Rückwendung der Libido zum eigenen Ich beim Erwachsenen seelisch so problematisch? Weil sie unweigerlich zu emotionaler Isolation führt. Wenn wir erwachen, nehmen wir wieder Kontakt mit der Außenwelt auf. Ist das Bein endlich wieder heil, wenden wir uns erneut dem Alltag zu. Den bis über beide Ohren Verliebten interessiert die Außenwelt keinen Pfifferling – oft auch das darin befindliche Liebesobjekt nicht wirklich. Was aber, wenn aufgrund einer frühen Störung diese Rückführung nicht stattfinden kann? Wenn etwas, was einem Verdrängungsprozess ähneln kann, diesen Narzissmus erzwingt? Dann wird es für sich und die anderen schwierig – was sich im Erfahrungs- und Wissensschatz griechisch-römischer Mythologie bildhaft zeigt.

Wandlung

Hätte nämlich jener schöne griechische Knabe begreifen können, dass er nur eine Projektion liebt, zur Erfüllung nie und nimmer geeignet, wäre es ihm und Echo besser ergangen. So aber schwanden beide dahin aus unerfüllter Liebe und Verzweiflung, bis von ihm nur mehr eine Blume, von ihr nur mehr ein ewig wiederholtes, klagendes Wort übrig blieb, das Echo eben. Die Metamorphose, die beide mythischen Charaktere durchleben, wünschte man ihren modernen Brüdern und Schwestern in umgekehrter Richtung: in der Hinwendung zum anderen. Ohne intensive Arbeit an der Seele aber wird dies kaum möglich sein.

Neurose

> Soweit die Neurose Vorteile hat, ist das Ich wohl mit ihr einverstanden, aber sie hat nicht nur Vorteile.
> *Sigmund Freud*

Wie wahr. Würden sonst die Betroffenen – und mit ihnen ihre Partner und Familien – nicht so leiden? »Du bist ja total neurotisch!« In psychoanalytischen Beziehungskomödien à la Allen und Keaton mag ein solcher Vorwurf eine charmante Marotte bezeichnen. Die Angelsachsen wissen (neurotische) Exzentrizität viel mehr zu schätzen, für Künstler gilt sie beinahe als *conditio sine qua non.* In unserem Sprachraum aber ist »neurotisch« ein abschätziger, küchenpsychologischer Begriff der Umgangssprache. Was indes nicht heißt, dass es bei uns weniger Neurotiker gäbe als anderswo in der westlichen (!) Welt. Doch mit der Akzeptanz ihrer Existenz tat man sich schwer: Erst seit 1976 ist die chronische Neurose als Krankheit anerkannt.

Gestatten, Neurose

Über dieses komplexe Thema ließen sich leicht etliche Regalkilometer gelehrter Werke verfassen. Gestatten Sie also, dass wir Ihnen an dieser Stelle nur die Visitenkarte der berühmt-berüchtigten Neurose überreichen. Darauf stehen bereits bekannte Begriffe wie *Ich*, *Verdrängung*, *Symptom* und *Widerstand* – denn, so Sigmund Freud, die Neurosenlehre sei nichts anderes als die Psychoanalyse selbst!

Vielleicht lässt sich mit ihrem Begründer behaupten, dass bei einer einigermaßen gesunden *vita sexualis* keine Neurose bzw. Aktualneurose entstehe – das bedeutet, wenn die Bedürfnisse von Körper und Seele einigermaßen miteinander im Einklang stehen. Natürlich werden wir Frustrationen erleben, Zurückweisungen und unbefriedigende Beziehungen, die uns Erfüllung versagen. Doch der gesunde Mensch vermag damit recht und schlecht leben zu lernen. In dieser Fähigkeit wiederum zeigt sich seine größere seelische Stabilität.

Erst wenn durch innere Konflikte oder Widersprüche zwischen Ich und (verdrängter!) Libido die Leistungs- und Genussfähigkeit eines Menschen deutlich eingeschränkt ist, möchte Freud von einer Neurose sprechen.

Wer ist eigentlich nicht neurotisch?

Schon die Nervosität als solche, die ja durch die Neurose bedingt ist, ist ein diffuses, schwer einzugrenzendes Phänomen. Deren Merkmale sind z. B. schnelle Überreizung oder Probleme im Umgang mit Menschen – um nur die harmloseren unter ihnen zu nennen. Wenn man es so sieht, wären wir alle ein Stück weit neurotisch… Doch wenn die »Macken« überhand nehmen, bleibt eine halbwegs seelische und soziale Verträglichkeit längst nicht immer gewährleistet.

Energieverbrauch

Die Betroffenen leiden eindeutig unter ihrer seelischen Krankheit. Nicht zuletzt, weil sie schließlich bestimmten Symptomen, wie z. B. Phobien, aber auch diffusen körperlichen Vorgängen ausgesetzt sind, deren Erzeugung sowie Bekämpfung enorme Energie verbrauchen. Einerseits versucht man sich gegen seine Symptome, so gut es geht, zur Wehr zu setzen, andererseits findet man sich irgendwie mit ihnen ab. Weshalb?

Schlupflöcher

Der Neurotiker weicht einem Konflikt, einer starken seelischen Zerreißprobe durch seine Krankheit aus. Ja, er flüchtet sich geradezu in seine Krankheit, aus der er sogar einen gewissen Gewinn zieht.

Darunter fallen Schonung, Rücksicht, Aufmerksamkeit oder wenigstens Aufschub – sich eben dem verborgenen Konflikt oder seinen innersten Wünschen für diesmal nicht stellen zu müssen. Freud konzediert allerdings, dass es so schwierige Fälle gibt, in denen die Neurose das kleinere Übel sein dürfte und diese Flucht zum Wohle der Kranken und ihrer Umgebung geschieht.

Wo bleibt die Libido?

Die neurotischen Symptome sind als Ersatzbefriedigungen einer verdrängten Libido zu begreifen. Nur wenn ein Ich die Fähigkeit eingebüßt hat, seine Libido einigermaßen unterzubringen, wird es erkranken. Dabei mahnt Freud, das stetig wirkende Unbewusste keinesfalls außer Acht zu lassen: Die Selbst-Auskünfte des kranken Ich dürften daher nicht für bare Münze genommen werden. Die starken, heftigen Widerstände nämlich, die der Patient während der Analyse entwickelt, sind für den Heilungsprozess nicht nur wichtig, sondern sogar unverzichtbar. Nur dadurch könnten die Verdrängungsprozesse in umgekehrter Reihenfolge aufgedeckt werden.

Die Neurosenfamilie kennt weiterhin die so genannten *Übertragungsneurosen* oder die *Aktualneurosen,* deren Ursachen in der Gegenwart und nicht in der Vergangenheit liegen. Daneben gibt es die *narzisstischen* Neurosen, deren Ich einen großen Anteil an der Erkrankung hat oder die *traumatischen* Neurosen. Neurosen über alles!

Ödipuskomplex

> Ich habe die Verliebtheit in die Mutter und die Eifersucht auf den Vater auch bei mir gefunden und halte sie jetzt für ein allgemeines Ereignis früher Kindheit …
> *Sigmund Freud*

»Mama« sang Heintje Simons derart herzzerreißend, dass Tausende deutscher Mütter und Großmütter dem holländischen Knaben zu stattlichen Tantiemen verhalfen. Immerhin wollte er seiner Mama ein Schloss bauen und dann, *»… wohn' ich mit dir dann ganz allein.«* Soso.

Mama und ihr lieber Junge … Papas Liebling, das verwöhnte Töchterchen … Etliche Leser werden sich mit nachdenklichem Amüsement an solche familiären Konstellationen erinnern – oder sie gerade durchleben. Wie war das noch, als der vierjährige Sohn verkündete: »Mama, ich will dich heiraten, wenn ich groß bin! (Das war, bevor er morgens tadelnd sprach: »Steh auf, du alter Seehund!«) Und wie schrecklich eifersüchtig war der Kleine, wenn sich die Eltern umarmten! Jedes Mal versuchte er, mit allen Mitteln die Aufmerksamkeit seiner Mama wiederzugewinnen. Doch eine Mutter wäre keine, wenn sie diesen Zustand nicht auch *cum grano salis* als eine Art Kompliment eines kleinen Mannes nähme. Sie weiß ja ohnehin genau, dass es dahin niemals kommen wird – und vor allem darf. Das Inzestverbot durften allenfalls griechische Götter oder ägyptische Pharaonen brechen, für die Normalsterblichen hingegen gilt es in allen Kulturen – was nicht immer heißt, dass es auch befolgt wird.

Du und dein Sohn!

Zugegeben, es ist nicht leicht, mit dieser kindlichen »Feindseligkeit« sowie dem Besitzanspruch immer gut umzugehen. Der jeweilige Partner seinerseits sieht ja auch mit gewisser Eifersucht auf die intensive, seiner Meinung nach allzu innige Bindung zwischen Mutter und Sohn oder zwischen Vater und Tochter. Potenzielle Konkurrenz allerorten! Aber früh übt sich, was Frau oder Mann werden soll.

Der von Freud geprägte Ödipuskomplex ist mittlerweile sogar in der Alltagskultur verankert: Seien dies nun Hans Traxlers unvergesslicher Cartoon »*Ins Schlafgemach tritt Ödipus und raubt der Mama einen Kuss...*« oder das vertrottelte Muttersöhnchen Ödipussi alias Loriot und seine explizit neurotische dänische Variante Elling. Diese und ähnliche Adaptionen karikieren skurrile Muttersöhnchen und dominante Mamas sowie den steinigen Weg in die amouröse Freiheit. Vatermord und Mutterinzest jedoch – die beiden ungeheuerlichen

Verbrechen des Ödipus – sind als archaische Reflexe daraus gänzlich verschwunden.

Der große Mythos

Was ist der Kern dieser uralten thebanischen Sage? Dass man seinem Schicksal nicht entrinnen kann, mag man auch alles nur Erdenkliche versuchen? Das Orakel in Delphi warnt König Laios, mit seiner Gemahlin Iokaste einen Sohn zu zeugen. Dieser nämlich werde seinen Vater töten und die Mutter heiraten. Als Iokaste dennoch einen Sohn zur Welt bringt, durchbohrt Laios dessen Füße (Ödipus bedeutet Schwellfuß) und setzt das Kind aus, das von einem Hirten gefunden und vom korinthischen König Polybos aufgezogen wird. Als sich Ödipus später an das Orakel wendet, enthüllt ihm dieses das (halbe!) Geheimnis seiner Herkunft. Und um nicht an seinen vermeintlichen Eltern schuldig zu werden, verlässt er Korinth. Auf dem Wege gerät er mit keinem anderen als mit seinem leiblichen Vater Laios in Streit und erschlägt ihn. In Theben angekommen, löst Ödipus das Rätsel der Sphinx und erhält zum Dank dafür die Hand der Iokaste – seiner Mutter. Aus dieser Ehe gehen vier Kinder hervor, darunter Antigone. Lange lebt das Königspaar glücklich. Als dann die Pest in Theben wütet, verlangt das Orakel, den Mörder des Laios zu finden.

Immer neue Anzeichen deuten auf das Ungeheuerliche hin und schließlich kommt die Wahrheit ans Licht. Iokaste erhängt, Ödipus blendet sich und wird aus seiner Heimat vertrieben. Mit seiner Tochter Antigone geht er nach Attika, wo er im Hain von Kolonos Aufnahme findet. Unter den zahlreichen Bearbeitungen dieses Mythenstoffs sind die Dramen des attischen Dichters Sophokles, insbesondere »Ödipus auf Kolonos« die berühmtesten.

Allmähliche Enthüllung

Sigmund Freud nun fand in diesem Mythenstoff nicht nur eine Parallele zum Fortgang der Psychoanalyse selbst: Eine längst vergangene, unwissentlich und unwillentlich begangene Tat werde durch immer neue Hinweise allmählich enthüllt. Vor allem aber begriff er den Ödipuskomplex als Kern der Neurosen und eine der wichtigsten Quellen des Schuldbewusstseins, das den Neurotikern oft so schwer zu schaffen mache. Freud bezeichnet die erste kindliche Objektwahl als inzestuös geprägt und spricht ihr damit eine nicht zu leugnende erotische Komponente zu. Zwischen Mutter und Tochter entstünden solche Gefühle schließlich nicht. Wohl aber zwischen Vater und kleiner Tochter, die eine Zeit lang in Konkurrenz zu ihrer Mutter tritt und sich ebenfalls mit Eifersucht und weiblicher

Raffinesse ihre Rivalin zu übertrumpfen sucht. Wie diese Situationen innerhalb einer Familie gelöst werde, sei von allergrößter Bedeutung für die weitere Entwicklung des Kindes in der Pubertät, wie auch für dessen künftige Partnerwahl und Liebesfähigkeit. Erst die seelische Ablösung von den Eltern ermöglicht eine von ihnen unabhängigere Partnerwahl.

Teilen? Ich möchte lieber nicht.

Was passiert übrigens, wenn weitere Geschwister hinzukommen? Dann erweitert sich der Ödipuskomplex zum *Familienkomplex.* Hand aufs Herz: Wollten Sie damals nicht auch Ihr nagelneues Schwesterchen am liebsten sofort wieder abgeben, wo es herkam? Es sollte ihnen nicht die Aufmerksamkeit von Mama oder Papa wegnehmen, die wollten Sie ganz für sich allein … Erwachsen werden und lieben lernen ist ziemlich schwer. Das wusste nicht nur Dr. Freud.

Penisneid

> …wenn jemand einen Penisneid kennt, dann sind es doch wohl die Männer, so wie Frauen heutzutage ihren Busenneid öffentlich zur Schau stellen …
> *Bettina Röhl*

Es durfte bereits bezweifelt werden, dass Freuds Schriften im Lesekanon der Frauenbewegung hoch im Kurs standen. Hätte man sonst, wie in Frauengruppen-Diskussionen geschehen, den so genannten Penisneid hohnlachend weit von sich gewiesen? Was, *darauf* sollte frau gar neidisch sein? Eine Beleidigung! Die radikale Feministin qualifizierte den Penis als »Waffe« ab, relativ unnötig sei das gute Stück sowieso. Zum Lustgewinn keineswegs erste Wahl, dies sei vielmehr die klitorale Stimulation, die der Mann gefälligst zu lernen habe. »Penetration« war ein eindeutig gewalttätig konnotiertes Wort. Patriarchalisch-brachiale Simplizität stand gegen Anaïs Nins hypersensibles (und, pardon, stinklangweiliges) »Delta der Venus«. Und *darauf* sollte jemand neidisch sein? Emma hilf!

Weiblichkeit

Was der erwachsenen Frau geradezu absurd erscheinen mag, kann sich nach Freud für ein kleines Mädchen völlig anders darstellen und die Entwicklung zur Weiblichkeit initiieren. Weiblichkeit aber bezieht sich bei Freud primär auf die Bestimmung durch die Sexualfunktion, über deren Entwicklung Freud forschte. Ihm war allerdings bewusst, dass er bei »Feministen« (die gab es zu seiner Zeit ebenfalls) und Frauen deshalb nicht immer gut wegkommen würde. Er trug's mit Fassung.

Warum unsichtbar?

Jedes kleine Mädchen stellt eines schönen Tages fest, dass ihm ganz buchstäblich etwas fehlt. Es sieht den nackten Vater, Bruder oder Nachbarsjungen und wundert sich zum ersten Mal, wo bei ihm denn dieses Anhängsel ist, auf das der kleine wie große Mann ziemlich stolz ist. Verständlich, dass es auch so etwas haben will. Auf Nachfrage wird es erfahren, dass sich bei ihm »alles innen« befindet – was es nicht besonders aufregend findet. Man mag es drehen und wenden, wie man will: Etwas ist nicht da, ist unsichtbar – und warum? Ist es vielleicht nicht so schön? Und schon ist ein Gefühl der Benachteiligung da. Das kleine Mädchen, bislang voller Selbstbewusstsein und Aktivität – auch sexueller durch die kindliche Onanie, der Freud größte Bedeutung für die seelische und körperliche Entwicklung zumaß – fühlt sich von irgendwem arg hintergangen, beraubt, *kastriert*. Um jeden Preis der Welt möchte es auch so etwas haben – noch lange hat es diesen Wunsch. Aus dem so genannten *Kastrationskomplex* entsteht der Penisneid. Wenig schmeichelhaft, aber umso wahrer vielleicht, spricht Freud dem weiblichen Geschlecht deshalb generell eine stärkere Neigung zu Neid und Eifersucht zu als den Männern.

Töchter und Mütter: oft ein Drama

Dieser Neid in Verbindung mit der Empfindung der Kastration leitet die Wendung in der bislang nicht vom kleinen Jungen groß unterschiedenen Entwicklung an. Die bisher unbefangen und aktiv praktizierte klitorale Selbstbefriedigung wird dadurch vergällt. Freud nennt diese Art der Sexualität übrigens »männlich leben« – auch weil in dieser Phase das Liebesobjekt des kleinen Mädchens noch die Mutter sei.

Aber auch die Mutter scheint defizitär, unvollkommen, weil auch sie den Penis nicht besitzt. Es findet – auch auf Seiten des kleinen Jungen übrigens, der stolz etwas hat und vorzeigt – eine Art Entwertung des weiblichen Körpers statt. Die Einsicht, man könne sich dieses Teil nicht wünschen und sogar die geliebte, bislang unangefochten herrliche Mutter habe diesen eklatanten Mangel, ist ein Schock und bewirkt eine enttäuschte Abwendung. Bislang unterdrückte Enttäuschungen können nun aufaddiert werden, wie z. B. der Entzug des Abstillens oder die Ankunft eines Geschwisterchens, und einem so tiefen wie ambivalenten Groll den Weg bahnen. Erst diese Abkehr und Abwehr aber, die ungelöst allerdings zu schweren Seelenverwerfungen führen kann, ermöglicht dem kleinen Mädchen die ödipale Phase und damit seine künftige sexuelle Orientierung.

Phantasie

> Drum lass die Beschwingte streifen
> wo Gedanken nicht mehr greifen:
> Sperr dem Hirn das Tor weit auf,
> schon steigt sie pfeilschnell hinauf.
> *John Keats, »Phantasie«*

Ohne die Kraft der Imagination, ohne die Fähigkeit zu immenser schöpferischer Vorstellungsgabe, wären weder die Dichtungen der englischen noch der deutschen Romantik denkbar gewesen. Was leistet dagegen die »alltägliche« Phantasie, deren Namen im Griechischen zunächst »Erscheinung« bedeutet, im Seelenleben von uns Normalsterblichen, ziemlich weitab vom Dichterolymp?

Woran denkst du, Liebling?

Oft fallen einem zuallererst negativ konnotierte Begriffe ein: Allmachts-, Unterwerfungs- und leider auch Gewaltphantasien. Wie wir neulich skeptisch den Ausführungen des US-Psychologen David Buss entnehmen mussten, hegen sogar mehr Leute, als uns lieb sein kann, heftige Mordphantasien – ohne sie indes sofort in die Tat umsetzen zu müssen. Nochmal Glück gehabt!

Phantasievoll

Unter anderem auch mit sexuellen Phantasien des als prüde verschrieenen Amerika befassten sich Masters & Johnson oder Alfred Kinsey, während Nancy Friday mit »Die sexuellen Phantasien der Frauen« oder Shere Hite im »Hite-Report« eine blühende weibliche erotische Phantasie unter die Lupe nahmen. Was die erotische Phantasie der Männer stimuliert, ist leichter zugänglich, z. B. lebt die Pornoindustrie nicht schlecht davon. Nun mal langsam, werden sie sagen, was für ein kühner Sprung der Phantasie – von zarten Dichterseelen wie John Keats oder Hölderlin bis in die Regale verschwiemelter Sexshops ...

Wo alles möglich ist

Die Phantasie ist für uns alle doch immer eines: ein Refugium. Ein blühendes, ja wucherndes Biotop, wohin wir uns vor der nüchternen Realität ganz legitim zurückziehen dürfen. Übertreiben wir es allerdings damit, gelten wir eben laut Freud als *introvertiert:* Schon lauert die Neurose, je nach der Ökonomie unserer individuellen Seelenkräfte. Solange die aber stimmt, bleibt die Phantasie ein Rückzugsort erster Güte – denn die Gedanken sind bekanntlich frei. Ebenso ungehindert schweifen sie ins Reich der Phantasie, wo wir reich, erfolgreich, schön, begehrt und berühmt sind. Alles, vor allem das Unmögliche, ist (allein) dort möglich.

Phantastische Wege

Das sah auch Freud nicht anders. Deshalb maß er dieser Gabe, über die prinzipiell alle Menschen verfügen, eine besondere Wichtigkeit und Funktion zu, z. B. in der Analyse neurotischer Symptome. Jene Ersatzbefriedigungen einer zwischen Ich und Es bös »eingeklemmten« Libido entstehen aus einem Konflikt und sind ihrem Wesen nach Kompromisse. Die unverwendbar gewordene Libido zieht sich zurück auf verdrängte Positionen, um von dort aus nach – freilich nur mehr verzerrt wahrnehmbarer – Befriedigung zu streben.

Auf zur Fixierung

Wie nun gelangt die Libido zu diesen Positionen, den so genannten *Fixierungen*? Die Phantasie verleiht auch ihr Flügel. Wir imaginieren uns anders, als wir sind, frei von äußeren Zwängen, in einem Glück der Sinne. Wir halten uns an der dürftigen Wirklichkeit (arm, hässlich, unbeliebt, eine kleine Wurst im Büro) schadlos mit Hilfe unserer Phantasie! Sie ist demnach die Form der Entschädigung für Entgangenes oder Unerreichbares schlechthin.

Sich schadlos halten

Obwohl man genau weiß, dass man auch in absehbarer Zeit kein Jude Law werden wird, empfindet mancher doch eine gewisse Genugtuung bei der lebhaften Vorstellung, so gut auszusehen (natürlich Geschmackssache!) oder weltberühmt zu sein. »Der Mensch braucht vortäuschende Hoffnungen«, sagt ein Sprichwort. Dazu gehört auch die Lust der Phantasie, die alles ermöglicht und für die weder Moral noch Dezenz gelten.

Phantasie und Verwirklichung

Dennoch liegt in der Natur der Phantasie auch ein (mitunter sehr gefährlicher!) Wille zur Realisierung – zahlreiche kulturelle, künstlerische und wissenschaftliche Errungenschaften legen davon positives Zeugnis ab. Was war die Vorstellung eines Mannes auf dem Mond, wenn nicht eine kühne Phantasie, die über Generationen hin eine ungeheure geistige Energie erzeugte?

Verwirklichung, in welch eingeschränkter Form auch immer, will natürlich auch jene Phantasie, der sich die Libido zur Regression bedient. Zunächst quasi geduldet, entsteht bald erneut der Konflikt zwischen Wunsch und Realität – und der Weg zu einer Position der Verdrängung ist offen.

Gefährdete Künstler

Freud betont, dass es einen Weg gäbe, wie Phantasie Wirklichkeit werden könne: in der Kunst. Das Material der Vorstellungskraft unterliegt der Formung, einem realen Schöpfungsprozess, der bewusst oder auch unbewusst ablaufen kann. Künstler brächten die nötige seelische Disposition mit – leider auch die der Anfälligkeit für neurotische Krankheiten. Müssen sie doch mit höchsten Ansprüchen an sich selbst (Phantasien) ringen, scheitern, werden zurückgeworfen in die oft bittere Realität der mangelnden Anerkennung – um wie manche Genies von dort aus zu höchster Sublimation durch die Kunst zu gelangen. Lauschen Sie nur der »Wanderer-Fantasie« in C-Dur von Franz Schubert, dann wird dieser winzige Exkurs pure musikalische Realität.

Traum

> Unser Verhältnis zur Welt, in die wir so ungern gekommen sind, scheint es mit sich zu bringen, dass wir sie nicht ohne Unterbrechung aushalten.
> *Sigmund Freud*

We are of such stuff that dreams are made of, and our little life is rounded with a sleep. Dem Shakespeare'schen Helden Macbeth, der hier ahnungsvoll spricht, wird übrigens seit dem Königsmord der Schlaf verwehrt sein – das Leben des Ehepaars Macbeth ist selbst zu einem Alptraum geworden. Wenigstens etwas.

Will man nämlich der *Apotheken Umschau* glauben, träumt vom Arbeitsplatz jeder dritte Deutsche, vom Reisen 27 % und vom Geld 19 %. Thematisch nicht eben üppig, wenn man bedenkt, dass ein 70-jähriger Mensch etwa sechs Jahre oder 150 000 Stunden seines Lebens bereits verträumt hat.

Traumhafte Vielfalt

Offenbar fand Sigmund Freud in und an Träumen wesentlich Interessanteres, sonst hätte er wohl die Traumarbeit nicht in der Psychoanalyse eingesetzt.

Hin durch alle Widersprüche, Gemeinsamkeiten und Verschiedenheiten von Träumen tastete er sich vor zu einem Instrument der Seelendeutung. Ungeachtet der Apotheken-Umfrage – ob die Leute alle ehrlich waren? – gibt es wunderschöne, absurde, erregende und traurige Träume. Eine der *Emma*-Gründerinnen träumte angeblich hin und wieder, wie sie Alice Schwarzer kräftig verdrosch… Ja, wir kennen Wach- und Alpträume. Während die einen ein Produkt unserer wachen Phantasie sind, werden die anderen visuell und physisch erlebt. Hellsichtige Träume gibt es, und schließlich solche, die in Erfüllung gehen. Welcher Natur sind jene luftigen Erscheinungen, die Kreativität und sogar Wissenschaft entscheidend beeinflussen können? Die uns am helllichten Tage so unbedeutend und vernachlässigbar vorkommen, während wir ihnen ausgeliefert, nachts unendlich viel erleben von Freude bis hin zu körperlichem Schmerz.

Ungelöste Rätsel

Bis heute gehen die Forschermeinungen zum Thema »Traum« weit auseinander. Sind es bloße Chimären, Nervengewitter oder sinnlose Entladungen, die in verdrehter Weise die Reize des Tages widerspiegeln? Ist die intensive Beschäftigung mit Träumen bloß alberne irrationale Esoterik, die es zu überwinden gilt? Schließlich leben wir doch nicht mehr zu Zeiten der Pharaonen oder römischen Kaiser, die neben anderen Disziplinen der Mantik auch hoch dotierte Traumdeuter in ihren Diensten beschäftigten.

Der Traum als Symptom

Oder sind die Träume, wie es die Psychoanalyse postuliert, wiederum als *Symptome* zu lesen? Was bedeutet, dass sie nicht nur bei allen Gesunden, sondern auch bei bestimmten seelischen Krankheiten auftreten und darin auch ihren Sinn haben. Doch schon die Beschreibung eines Traums ist leichter in Bildern, aber nur schwer verbal fassbar. Nicht selten ist er den Träumern überhaupt nicht mehr erinnerlich: Allerdings ist die Wirkung eines Traums den ganzen Tag über zu spüren … Mit dieser Unbestimmtheit des Traums und der Komplexität seiner Bildersprache, beides typische Wesenszüge dieses Phänomens, müsse man sich abfinden, so Freud. Was nicht heißt, dass sie nicht bestens geeignetes Material der Psychoanalyse abgäben.

Wach ich oder träum ich?

In aller Regel schlafen wir, während wir träumen – von den Tagträumen auf dem Sofa einmal abgesehen. Es heißt, man träume jede Nacht, aber nur kurz, in der so genannten REM-Phase. Was wir in Träumen erleben, ist dem Wachzustand einerseits ähnlich, andererseits aber grundverschieden. Ich persönlich kann im Traum fliegen, zwar nicht hoch und es ist anfangs auch ziemlich mühselig, aber es geht schon ganz gut. Da Gehirn und Körper gleichermaßen reagieren, scheint der Traum eine prekäre Mittelstellung zwischen Wachen und Schlafen einzunehmen.

Schnöde Welt – Ade bis morgen!

Freud gibt uns eine eigenartig pessimistische Definition des Schlafs: Es sei der Zustand, in dem man von der Welt nichts wissen wolle, in dem man sich davon zurückziehe. Natürlich muss jeder Mensch schlafen, damit Körper und Hirn sich regenerieren können. Warum aber träumt der Mensch, warum sind Gehirn und Seelenleben so aktiv? Kann man den Traum als eine Reaktion auf äußere störende Reize (Stress, Harndrang, Lärm usw.) verstehen, wie auch experimentell nachgewiesen werden konnte? Manche sicher.

Interessant jedoch ist, dass oft im Traum solche störenden Reize nicht unbedingt als solche »benannt« werden, sondern über- oder ersetzt werden. Es findet also eine Umdeutung, eine Verarbeitung und Verpflanzung in einen anderen Kontext statt – aber warum und warum gerade diesen? Und was ist mit jenen Träumen, die uns seit Jahren begleiten? Sie wiederholen sich, anstatt wie viele andere, nur einmal und nimmer wieder aufzutauchen. All die Fragen nach dem Warum verlangen wenigstens den Versuch einer Deutung. Für Sigmund Freud war diese ein wichtiges Instrument zur Aufdeckung verdrängter Inhalte der Seele.

Trieb

> Die Triebe sind mythische Wesen,
> großartig in ihrer Unbestimmtheit.
> *Sigmund Freud*

Wenn sich der Oberbürgermeister höchstpersönlich freut, dass wir zum Empfang gekommen sind, so huldigen wir aufs Schönste unserem Geltungstrieb. Neulich, als wir mit den Kindern im Zoo waren, amüsierten wir uns über den Spieltrieb der Weißkopfäffchen. Der steckt angeblich auch in jedem Mann und wird durch die Existenz zahlreicher Modelleisenbahnen im Keller bestätigt. Und erst der Eroberungstrieb! Was ist um das heikle Thema nicht schon alles gestritten worden! Sollen wir Mädels es tunlichst den Burschen überlassen oder als forsche Jägerinnen die Reviere durchstreifen? Selber rangehen – jetzt, wo angeblich sogar Italiens Rimini-Luigis und Bibione-Aldos das Anbaggern verlernt haben? *Mamma mia!*

Panoptikum der Triebe

Es gibt aggressive, es gibt selbst zerstörerische und destruktive Triebe. Es gibt den Selbsterhaltungstrieb, der ums Überleben kämpft und es zu sichern versucht. In dieser »Mythologie« gibt es auch den biologisch paradoxen, für die Psychoanalyse wirkmächtigen Todestrieb, der als Gegentrieb zur Libido, der ungeheuren Energie der Sexualtriebe aufgefasst werden kann. Alle diese verschiedenen, kleineren und größeren, elementaren oder vernachlässigbaren Triebe tun ihr Werk. Sie wollen ihre Funktion erfüllen und verlangen nach Befriedigung. Hinter all diesen Teiltrieben ahnte Freud eine gewaltige, geradezu mythische Kraft.

Reize und Triebe

Ein Reiz kommt in aller Regel von außen – denken Sie an den Juck-, Nies- und Hustenreiz. Auch der erotische Reiz, den fremde lange Beine oder ein muskulöser Körper mit schmalen Hüften auslösen kann. All diesen Dingen *können,* aber *müssen* wir nicht nachgeben. Wir können uns durch Flucht entziehen: mit Kratzen, Schnäuzen oder durch eine gehörige Portion Spaghetti mit der rechtmäßig zu begehrenden Ehefrau.

Ein Trieb hingegen kann als eine Kraft bezeichnet werden, die aus dem Körperinneren stammt – und der man sich nicht entziehen kann. Freud tastet sich vorsichtig an das Thema heran und nennt so elementare Bedürfnisse (Triebe) des Menschen, wie Hunger, Durst und Liebe.

Kein Aufschub

Zwischen Selbsterhaltungs- und Sexualtrieben gilt es indes zu unterscheiden. Während Freud an letzteren ihre Beweglichkeit, Fähigkeit zur Austauschbarkeit sowie ihre prinzipielle Aufschiebbarkeit hervorhebt, zeichnen sich die Selbsterhaltungstriebe dadurch aus, dass sie nicht aufschiebbar sind – oder wenigstens nicht für lange – und man nicht eine Befriedigung durch eine andere ersetzen kann. Bei brennendem Durst wird Sattsein nicht helfen.

Mangel und Ausgleich

Jeder Trieb hat eine Quelle: einen Mangel, sei es z.B. an Zuwendung oder an Nahrung. Dieser äußert sich zum einen durch einen körperlichen Erregungszustand im Körperinneren: Magenknurren, das Gefühl der Schwäche oder bei Liebesentzug der sprichwörtlich gewordene und mittlerweile von Ärzten beglaubigte Herzschmerz. Jeder Trieb kennt ein Objekt (Mutter, Speise) sowie ein Ziel, nämlich die Befriedigung, den Reizabbau. Auf dem Weg von der Quelle zum Ziel entstehen nicht nur körperliche, sondern auch seelische Reaktionen: Angst, Sorge, Freude. Es drängt uns aktiv zur Befriedigung des Bedürfnisses. Doch was, wenn diese versagt wird? Dies kann zur seelischen Störung führen. Aufgrund der Beweglichkeit und Plastizität der Triebe jedoch gibt es auch andere Möglichkeiten, darunter der Objektwechsel oder die Sublimation.

Mannigfache Triebbefriedigung

Eine Triebbefriedigung kann also durch eine andere ersetzt werden. Kommt eine übergeordnete ethisch-soziale Komponente hinzu, spricht man auch von *Sublimation.* Ebenso kann z.B. das Objekt der Begierde, wovon man sich die Erfüllung aller Wünsche erhoffte, durch ein anderes ausgetauscht werden: »Eine andere Mutter hat auch ein schönes Kind.« Der Sexualtrieb ist kein fest umrissener Komplex, sondern er kennt ebenfalls viele Teilregungen, etwa die der Zärtlichkeit.

Macht Eros

Die Gesamtheit der Sexualtriebe wird von Freud auch mit Eros bezeichnet. Womit wir wieder bei der Mythologie wären: Nach der orphischen Kosmogonie legte die Nacht, *Nyx,* ein Ei, aus dem Eros kroch. In diesem uralten Mythos ist noch ein Reflex des Gewaltigen, Geheimnisvollen dieser großen seelischen wie körperlichen Antriebskraft fassbar – anders als in seiner verniedlichten, harmlosen Form eines pausbäckigen Knaben mit Pfeil und Bogen.

Über-Ich

Ich, der Herr Professor Schulz und ich,
wir drei machten eine kleine Reise.
Einem genial zerstreuten Professor namens Schulz zugeschrieben.

Multipliziert sich bei Professor Schulz auch das Über-Ich? Falls ja, dann »Gute Nacht«, denn es ist schon schwer genug, mit einem Über-Ich zurechtzukommen. Zur Erinnerung: Wir haben die seelischen Regionen der Persönlichkeit ja bereits kurz gestreift. Freud sonderte sie in Über-Ich, Ich und das latent wirkende »ichfremde« Es – ohne dass sie allerdings klar umrissen voneinander geschieden wären.

Ich muss!

Das Über-Ich ist, wie der Name andeutet, ein gewissermaßen dominanter Anteil der menschlichen Seele. Eine Instanz, die großen Einfluss ausübt, indem sie das Ich zum Handeln oder Beurteilen zwingt, aber auch selbst mächtig ist, z. B. in der Verdrängung. Das Über-Ich kann selbstständig – und selbstherrlich – handeln, es verfügt über eine große Energie, die mitunter auch vernichtend wirken kann.

Du taugst nichts!

Als Beispiel führt Freud die Melancholie bzw. Depression an. In der Tat ist es nicht nur eine Seelenqual, sich minder und schuldbeladen zu fühlen, sich als so schwach zu geißeln, wie es das akute Krankheitsbild oft mit sich bringt. Meist akzeptiert man sich mit gewissen Abstrichen und kann sich selbst auch ganz gut leiden. Während depressiver Phasen aber existiert eine hämische Stimme, die alles kritisiert und madig macht, die an nichts Freude empfinden kann. Sondern im Gegenteil alle Verfehlungen erbarmungslos aufrechnet, so dass der Depressive sich wie erschlagen fühlt. Man könne sagen, dieses unbarmherzige Über-Ich sei die oberste »Moralinstanz« – und z.B. das Schuldgefühl, das wir empfinden, Ausdruck der widerstrebenden Interessen von Ich und Über-Ich.

Ein sanftes Ruhekissen?

Ein gutes Beispiel für eine Funktion des Über-Ich ist das Gewissen – das ja, wenn es »seine Stimme erhebt« zwangsläufig im Widerstreit steht zwischen den Regungen und Taten unseres Ich – sonst bliebe es ruhig. Jeder kennt diese peinigende Stimme, die man nur schwer überhören kann. Ist uns das Gewissen allen gleichermaßen gemeinsam in den Genen oder von Gott verliehen? Ganz offenbar nicht.

Eltern-Über-Ich

Woher kommt dieses Über-Ich dann? Woran orientieren wir uns, wenn nicht an einer verbindlichen ethisch-moralischen Instanz? Man denke nur daran, welche Methoden das Über-Ich zu unserer »Erziehung« anwendet – und von dort aus weit zurück in die Kindheit. Wer hat uns gelehrt, Frustrationen auszuhalten, Disziplin, Ausdauer – sowie all unsere Macken zu entwickeln? Unsere Eltern, die ihrerseits die Werte, Traditionen, aber auch Defizite ihrer eigenen frühen Erziehung verkörperten. Vermittels Liebesentzug oder der Angst vor Strafe – Realängsten, die tiefe seelische Not erzeugten – wurden aus »kleinen Wilden« die Erwachsenen, die wir heute sind. Mit all unseren Vorzügen und Fehlern. Ist ein Über-Ich auch gütig? Freud verweist auf den Widerspruch, auch die liebevollste Erziehung bewahre uns seltsamerweise nicht vor einem strengen Über-Ich…

Ganz der Papa!

Die Eltern, bzw. wofür sie stehen, werden in der Seele des Kindes verinnerlicht. Freud nennt diesen Vorgang *Identifizierung*. Das Kind in seiner existenziellen Abhängigkeit identifiziert sich mit seinen Eltern, infolgedessen versucht es, ihren Erwartungen möglichst zu entsprechen. Man möchte Vater oder Mutter nacheifern – und sucht seine Persönlichkeit, sein Ich dahingehend zu verändern.

Im späteren Leben wird sich das Liebesobjekt ändern, nicht aber der verbreitete Wunsch, sich mit seinem Partner völlig zu identifizieren. Doch die Liebe allein ist nicht maßgeblich: Genauso gut kann die engagierte Lehrerin, der mächtige Chef, eine politische Anschauung zum Vorbild genommen werden. Dies zeigt, dass das Über-Ich sich aus vielen Quellen speisen kann – deren erste und wichtigste aber sind die Eltern.

Das Über-Ich übernimmt nicht nur eine beobachtende und moralische Funktion, sondern bestimmt auch das Ideal unserer Selbst. Wie quälend, sich in diesem Punkt allerhöchsten Hürden gegenüber zu sehen, sich seinen eigenen Ansprüchen gegenüber so minderwertig zu fühlen. Auch dahinter so Freud, stünde letztlich die Angst vor Liebesentzug und Zurückweisung.

Auch die Vorstellungen der Eltern gehen auf deren eigenes (auch problematisches) elterliches

Über-Ich zurück – bei den Großeltern ist es nicht anders. Im Erwachsenenalter werden die Eltern zwar mit gelassener Nachsicht betrachtet, einst jedoch waren sie unsere ersten Helden und Heldinnen, selbst wenn sie uns schlecht behandelten.

Tradition und Kultur

Durch Verkettung, Verdichtung und Verknüpfung bestimmter kanonischer Werte entsteht über Generationen hin nicht nur die Neurose, sondern auch die *Tradition.* Welche Bedeutung diese Eltern-Identifikationen für das soziale Miteinander hat, ist leicht vorstellbar. In diesen Einstellungen lebt die Vergangenheit weiter. Wesentlich langsamer, als wir es glauben und wünschen, verändert sie sich und bewahrt so Weltbilder, Kultur, Sitten. So spielt diese Kultur stiftende, von den ökonomischen Verhältnissen unabhängige Entwicklung eine große Rolle in unserem Leben.

Verdrängung

I'll think about it tomorrow.
Margaret Mitchell, »Gone with the Wind«

Kaum jemand ist der unwiderstehlichen Südstaatenschönheit Scarlett O'Hara noch nicht begegnet. Was hätte Sigmund Freud zu jener jungen Frau gesagt, die sich zwischen den Seiten von Mitchells Roman mindestens ebenso temperamentvoll, gefährlich wie pragmatisch präsentiert wie Vivien Leigh auf der Leinwand? Nicht nur ihrer grünen Augen oder ihrer fatalen Leidenschaft für den verheirateten Ashley Wilkes wegen wäre Scarlett O'Hara für jeden Psychoanalytiker höchst interessant gewesen …

Haben auch Sie alle Höhen und Tiefen unserer Heroine des amerikanischen Bürgerkriegs durchlitten, dann wissen Sie längst, worin der Überlebensmechanismus dieser *southern belle* bis zum bitteren Ende besteht: Bei allen schmerzlichen, schwierigen Dingen wird Scarlett »morgen darüber nachdenken« – was so viel bedeutet, dass sie über dieses Thema gar nicht mehr nachzudenken gedenkt. Noch nicht einmal, als Rhett Butler, ihre zu spät erkannte große Liebe, sie mit den berühmt gewordenen Worten verlässt: *Honestly, my dear, I dont give a damn*. Wer wollte über einen solchen

Abschied nicht lieber morgen nachdenken? Oder besser nie.

Seelischer Kunstgriff?

»Ach, das hab ich völlig verdrängt!«, ist ein im Alltag durchaus gängiger Satz, der besagen soll, man habe etwas wahrscheinlich nicht ganz unfreiwillig vergessen – und werde nun bei diesem Widerspruch ertappt. Meistens, ob man sich dessen nun bewusst ist oder nicht, handelt es sich dabei um sensible Bereiche, z. B. der Geburtstag des geschiedenen Mannes oder wenn wir nach den genauen Umständen unserer Kündigung gefragt werden. Anstatt erneut Magenweh oder Depressionen zu bekommen, denken wir einfach nicht (mehr) nach. Wir eliminieren es aus unserem Gedächtnis durch den Mechanismus der *Verdrängung*. Zur Rekonvaleszenz kann dies hilfreich, als Gesamtlösung oft problematisch sein.

Verschiebebahnhof

Das Wort kennzeichnet schon das gewissermaßen Gewaltsame daran: Etwas muss woandershin geschafft werden, wo es weder stört noch schmerzt. Nach Freud ist die Verdrängung ein rein psychologischer Vorgang, der keine Beziehung zur Sexualität aufweist. Sie ist ein (wieder) Unbewusst-Machen eines bewusstseinfähigen Aktes. Man kann sich das ganz räumlich vorstellen, wie eine schmerzliche Tatsache in eine andere Seelenabteilung geschoben wird – in die Abteilung »Unbewusstes« nämlich. Dort liegt es dann. Aber liegt es dort gut? Anstatt endlich Ruhe zu geben, wirkt es unverdrossen weiter.

Palastwachen

Darüber hinaus ist eine andere Variante oder Bewegung, möglich: Das Schmerzhafte wird erst gar nicht ins Bewusstsein vorgelassen. Einer Palastwache gleich steht die seelische Zensurbehörde bereit, um existenziell bedrohliche Gedanken, Gefühle oder Erinnerungen erst gar nicht zuzulassen. Bei in der Kindheit traumatisierten Menschen ist dies häufig zu beobachten. Sie haben, um seelisch zu überleben, die Erfahrungen »vergessen«. Oft kommen diese erst nach langer und konzentrierter Seelenarbeit – beispielsweise einer Analyse ans Licht.

Verdrängung und Regression

Auch wenn die Verdrängung ein rückläufiger Vorgang sein mag, hierin der Regression verwandt, so sieht Freud die beiden Begriffe doch klar voneinander geschieden. Während es bei der Verdrängung auf das rückläufige Moment nicht ankomme, sondern nur auf das dynamische, sei es bei der Regression geradezu das kennzeichnende. Außerdem ginge es bei der *Regression* um eine Entwicklungsmöglichkeit der Libido – also kein rein psychologischer Vorgang, sondern dieser betrifft im sexuellen Aspekt den Körper selbst.

Verdrängtes will nach oben

Das Verdrängte aber nimmt, wie leicht vorstellbar, einem anderen Zustand Raum, Beweglichkeit sowie Entfaltungsmöglichkeit. Es wirkt im komplizierten Seelenapparat, es zeigt bestimmte Symptome. Etwa in bestimmten Situationen ganz unerklärliche Angst zu empfinden, obwohl es, bei Licht besehen, nicht den leisesten Grund dazu gibt. Schon deshalb wird es oft so schwer, das eigentlich Verdrängte zu erreichen, zu durchleben und zu überwinden. Jeder von uns kennt ein solches Unbehagen, an dessen tiefere Ursache man erst gar nicht rühren will.

Erste Hilfe

Um noch einmal auf Scarlett O'Hara, verheiratete Butler, zurückzukommen: Mit dem Satz »Ich werde morgen darüber nachdenken« endet der großartige, oft zu Unrecht als trivial geschmähte Roman. Scarletts Vitalität und Kraft scheinen gebrochen. Vielleicht jedoch hilft ihr diese Fähigkeit zur Verdrängung, den ungeheuren Verlust zu überwinden. Immerhin liebt sie eines mehr als alle Männer dieser Welt: ihre Plantage Tara. Offen gestanden hatten wir nicht die geringste Lust, Alexandra Ripleys Fortsetzungsgeschichte zu lesen, wissen also nicht, wie es ihr weiterhin erging. Dass Miss Mitchell uns ein Happy End derart kühl vorenthielt, wird sicherlich seine Gründe gehabt haben. Darüber nachzudenken lohnt sich freilich – und das nicht erst morgen.

Witz

> Freuds Psychoanalyse und ein Witz haben eines gemeinsam: Sie lassen sich nicht zusammenfassen. Wer über die Pointe lachen will, muss zuvor den ganzen Witz hören.
> *Peter Schneider*

»Ich weiß einen Witz!« Je nachdem, wie begabt der Sprecher ist und über welches Repertoire er verfügt, verdrehen alle Anwesenden die Augen. Vergeblich, denn ein Witz muss raus! Oder sie halten still und hoffen, dass wenigstens diesmal die Pointe nicht im Prusten des Erzählers untergeht, während rundum eisiges Schweigen herrscht. Es hilft auch nichts zu protestieren: »Den hast du uns schon tausendmal erzählt!«

Ein falscher Witz zur falschen Zeit kann eine Karriere ruinieren, ebenso wie ein guter Witz und dessen Erzähler aufs angenehmste in Gedächtnis bleiben. Wie auch immer: Ein Witz kommt nicht von ungefähr. Wer wüsste das besser als Sigmund Freud?

Bitte lesen!

Deshalb hat er dem Witz und selbst dessen anrüchigen Geschwistern, den Zoten, ein eigenes Werk gewidmet: »Der Witz und seine Beziehung zum Unbewussten«, das wir an dieser Stelle wärmstens zur Lektüre empfehlen. Nicht nur wegen der tiefen Erkenntnisse über die Seele des Witzes, der Witzerzähler wie ihrer Adressaten. Sondern auch deshalb, weil er sich darin zahlloser Beispiele des genialen jüdischen Witzes bedient. Dass er das Genre der Psychiaterwitze mit begründen würde, war ihm vielleicht bewusst. Denn im ersten Jahrzehnt seiner Forschungen begann die vornehme Wiener Gesellschaft schon bei der Erwähnung seines Namens so zu lachen, als sei gerade ein Witz zum Besten gegeben worden … Aber wer zuletzt lacht, lacht am besten. Die Psychoanalyse jedenfalls ist, so der Freud-Biograf, Peter Schneider, wie ein Witz den man ganz hören müsse, um die Pointe zu verstehen.

Zwang

Senator Thomas Buddenbrook, in Thomas Manns Roman »Die Buddenbrooks«, der nach außen hin stets beherrschte, untadelige Mann, fühlt sich *genötigt,* sich mehrmals am Tag neu anzukleiden. Welche, vor allem seelische Mühe ihn das kostet, ist beeindruckend zu lesen. Laut Regenbogenpresse hat Boris Becker ähnliche Gepflogenheiten. Bevor wir nun weitere Persönlichkeiten, seien sie nun fiktiv oder berühmt – was eigentlich dasselbe ist – mit diversen Zwängen assoziieren, kehren wir lieber vor der eigenen Tür.

Um Gottes Willen, das Bügeleisen!

Beschleicht nicht auch Sie in der Straßenbahn das Gefühl, sie hätten den Fön nicht ausgesteckt? Was für ein qualvoller Zwang, immerzu das abgebrannte Haus vor dem geistigen Auge zu sehen. Wie oft waschen Sie sich die Hände, wenn Sie eine Türklinke angefasst haben? Mehr als einmal? Zehnmal? Dann sollten Sie sich mit dem Gedanken näher befassen, wie zwei Prozent der Bevölkerung, so die Deutsche Gesellschaft für Zwangserkrankungen, unter einer Zwangskrankheit zu leiden.

Diese sind in ihrem Mechanismus rätselhafte und auch heute nur schwer zu behandelnde Krankheiten, zumal nur wenige eine probate Therapie, z.B. die kognitive Verhaltenstherapie erhalten. Die so genannte Tiefenhirnstimulation befindet sich noch in der, wenn auch viel versprechenden Testphase.

Absurdität ohne Grenzen

Das Ausmaß an Symptom-Absurdität ist groß: Mancher Kranke muss beim Salsa-Tanzen immerzu Lampen zählen – Rituale, von denen er selbst weiß, dass sie an sich gesehen vollkommen unsinnig sind. Und doch fungieren sie als eine Art Magie, da sie ein Unheil bannen »können« – zumindest zwingt einen der Zwang selbst, daran zu glauben.

Auch Freud beobachtete, dass Zwangsneurotiker auf den ersten Blick von vielen Ängsten verschont scheinen. Hemmt man sie indes in ihren Ritualen, an Wasch-, Zähl- oder welchen Zwangsvorstellungen oder Handlungen auch immer, so entwickeln sie die entsetzliche Angst, etwas Schreckliche könne geschehen. Und diese Angst zwingt sie wieder unter die eiserne Knute ihres Zwangs zurück.

Zwangshandlungen, so Freud, binden und kontrollieren die Angst und ersetzen sie durch Symptomhandlungen, die ja als eine Art Ersatzhandlung zu verstehen sind. Erst bei genauer Analyse offenbarten sie ihre absurde, subtile Logik.

Quellen und einige Literatur- und Internettipps

Sigmund Freud, Studienausgabe, 10 Bde. u. Erg. Band, Frankfurt am Main (2000) insbesondere:
ders., Vorlesungen zur Einführung in die Psychoanalyse Neue Folge, Frankfurt (1969) 1991
ders., Psychologie des Unbewussten, Frankfurt (1975)
ders., Psychopathologie des Alltagslebens, Frankfurt 2000
Georg Groddeck, Das Buch vom Es, Frankfurt 2004

Sigmund Freud, Die Traumdeutung, Frankfurt 1991
ders., Abriss der Psychoanalyse. Einführende Darstellungen, Frankfurt 1994
ders., Das Ich und das Es, Fischer, Frankfurt 1992
ders., Der Witz und seine Beziehung zum Unbewussten, Frankfurt 1992

Biografisches zu Sigmund Freud:
Wolfgang Schmidbauer, Der Mensch Sigmund Freud, Stuttgart 2005
Peter Schneider, Sigmund Freud, München 1999
Peter Gay, A Life for Our Time, New York 1998
Ernest Jones, The Life and Work of Sigmund Freud, 3 Bde., New York 1981

Informationen zur Psychoanalyse:
Deutsche Gesellschaft für Psychoanalyse, Psychotherapie, Psychosomatik und Tiefenpsychologie (DGPT), www.dgtp.de

Zum Freud Museum, viele Themen und Weblinks
www.freud.org.uk

Psyche. Zeitschrift für Psychoanalyse und ihre Anwendungen. Hrsg. Werner Bohleber
www.psyche.de